국가무형문화재
삼베짜기

Sambae Jjagi
(Hemp Weaving)

Copyright©2022 by NIHC(National Intangible Heritage Center)
All rights reserved

ISBN 979-11-5522-330-7 93380
www.heureum.com

일러두기

1. 이 책은 2021년 국가무형문화재 기록화 당시의 안동포짜기마을보존회의 제작 과정 실연 및 인터뷰를 토대로 기록하였으며, 현장 촬영 사진을 담아 서술하였다.
2. 이 책은 심연옥, 금다운, 박기찬(이상 한국전통문화대학교)이 공동 집필하였다.
3. 이 책에서 사용한 사진은 서헌강(서헌강사진연구소)이 촬영한 것이며, 일부 사진은 집필자가 제공하였다.
4. 이 책에서 사용한 일러스트는 권용현(한국전통문화대학교)이 작업하였다.
5. 이 책에서 사용된 용어는 2021년 현장조사 및 인터뷰를 바탕으로 작성하였다.
6. 내용상 부연 설명이 필요한 것은 각주에서 설명하였다.

국가무형문화재

삼베짜기

국립무형유산원

흐름

차 례

프롤로그   6

I. 삼베의 이해   8

1. 삼베의 특성   10
2. 삼베의 역사   18

II. 삼의 재배와 삼 찌기   54

1. 삼의 재배와 수확   56
2. 삼 찌기   64
3. 삼 껍질 벗기기   78

III. 삼실 만들기   84

1. 생냉이실 만들기   87
2. 익냉이실 만들기   113
3. 무삼실 만들기   138

IV. 날실·씨실 준비   156

1. 날실 준비하기   158
2. 씨실 준비하기   188

V. 삼베짜기 — 194
1. 전통베틀 짜기 — 196
2. 개량베틀 짜기 — 208

VI. 삼베의 마전과 손질 — 212
1. 빨래하기 — 214
2. 상괴내기 — 216
3. 무삼 손질하기 — 220

VII. 전승현황 — 222
1. 지정경위 — 224
2. 보존회 및 전승활동 — 227

참고문헌 — 232
Abstract — 234

프롤로그

삼베짜기는 삼을 준비하여 삼베로 짜서 완성하는 전 과정을 말한다. 삼베는 모시·무명·명주와 더불어 한국을 대표하는 전통 옷감 중 하나이며 선사시대부터 오늘에 이르기까지 복식과 공예의 소재로 널리 활용되었다. 조선시대의 삼베는 국가 간 교역품과 하사품으로 사용될 정도로 품질이 우수하였다는 기록이 전한다. 특히 경북 안동에서 생산하는 안동포는 일찍이 궁중 진상품으로 명성이 높았고, 오늘날에는 지역을 대표하는 특산물로 잘 알려져 있다.

안동에서 생산되는 삼베는 사용하는 삼베 껍질의 종류에 따라 '생냉이', '익냉이', '무삼'으로 나뉜다. 이 가운데 생냉이는 모시와 비견될 정도로 섬세하고 고운 맵시를 자랑한다. 삼 줄기의 껍질을 벗겨 가늘게 째고 실로 만드는 과정, 삼베를 짜는 과정, 삼베를 표백하고 염색하는 과정에 이르기까지 숙련된 전승자들의 수백수천 번의 손길을 거쳐 삼베가 완성된다. 안동의 삼베짜기 기술의 전 제작 과정은 마을 공동체를 중심으로 꾸준히 이어지고 있으며, 국가는 이러한 가치를 인정하여 2019년에 삼베짜기를 국가무형문화재로 지정하였다.

산업화와 현대화로 인한 생활방식의 변화로 수요가 예전만큼 많지는 않지만, 국가무형문화재 삼베짜기는 그 명맥을 꾸준히 이어가고 있다. 삼을 재배하고, 채취하여 실로 만들고 이를 짜서 삼베로 완성하기까지의 과정을 이 책에 담았다.

Prologue

Sambae Jjagi refers to the entire process from preparing the hemp, to weaving the hemp fabric. Hemp fabric is one of Korea's most famous traditional fabrics, together with ramie, cotton and silk, and has been widely used in Korean clothes as well as in crafts since the prehistoric times till today. There're records that show that the quality of hemp fabric was such during the Joseon Period that it was used in international trades and royal tributes as well. In particular, Andongpo, manufactured in Andong, Gyeongbuk province, was renown from early on as tributes offered to kings, and is famous today as a regional specialty.

The hemp fabrics manufactured in Andong are categorized into 'Saengnaengyi', 'Iknaengyi', and 'Musam', depending on the type of hemp bark used for the hemp fabric. Of them, Saengnaengyi boasts sophistication and fine style comparable to that of ramie fabric. Making a finished hemp fabric requires hundreds and thousands of touches from skilled craftsmen and women that have passed the practice down through generations. From the process of making threads by stripping the bark from the hemp and splitting them into thin slices, to the process of weaving the hemp fabric, to the process of bleaching and dyeing the hemp fabric, the entire manufacturing process of Andong's Sambae Jjagi technique has been passed down through generations, centered around the village community. And its value was nationally recognition and was designated as a National Intangible Cultural Heritage in 2019.

The demands for hemp fabric aren't what it used to be, due to industrialization and modernization. However, Sambae Jjagi as a National Intangible Cultural Heritage is very much alive. This book contains the process of growing hemp, harvesting it and making yarns out of it, then weaving it to finally make hemp fabric.

I

삼베의 이해

삼베의 이해

1. 삼베의 특성

삼베는 대마의 줄기에서 채취한 인피섬유靭皮纖維로 짠 마직물이다. 세계적으로 마의 종류는 대단히 많지만, 우리나라에서는 저마와 함께 대마를 주로 사용하였다. 삼베는 한국의 대표적인 전통 직물로 고대로부터 복식과 공예의 기본 소재로 널리 사용되어 왔다. 한국의 고유 옷감으로 우리나라에서는 '베', '삼베'라 부르며, 문헌에는 '마포麻布, 포布' 등으로 표기되어 있다.

1) 대마의 특징

대마Hemp, *Cannabis sativa* L.는 쐐기풀목 삼과에 속하는 일년생 초본식물로 중앙아시아가 원산지로 알려져 있으며, 기후에 대한 적응력이 강하여 한국을 포함한 온대와 열대 지역에 걸쳐서 널리 분포한다.[1] 특히 대마는 자웅이주雌雄異株를 대표하는 식물로, 자라나면서 암나무와 수나무로 구분되며 바람에 의해 꽃가루가 운반되어 수분受粉이 이루어진다.[2] 생육 기간 중에는 온난한 환경이 좋으며 토양은 배수가 잘되는 사질양토沙質壤土가

---

1 국립민속박물관,『천연섬유와 모피 식별 아틀라스』, 국립민속박물관, 2005, 33쪽.
2 문윤호·박우태,「대마의 용도별 품종 육성 방법」,『종자과학과 산업:한국종자연구회지』 제18권 제1호, 한국종자연구회, 2022, 9쪽. 대마는 기본적으로 암꽃과 수꽃이 서로 다른 식물체에 발생하는 자웅이주 식물이지만, 암꽃과 수꽃이 동일한 식물체에 발생하는 자웅동주의 사례도 있다.

유리하다. 대마는 역사적으로 수없이 많이 개량되어 왔으며, 현재 우리나라에서 재배되고 있는 대마 품종은 평창종·영선종·경남종·고원종·전남재래종·강원재래종·이천재래종 등이 있다.[3]

국내에서 길쌈을 위한 대마는 4월 초순경 파종하여 7월 초순경에 수확하며, 종자용 대마는 별도 재배하여 삼씨를 받는다. 대마는 온대에서 키가 3m, 열대에서 6m까지 생장하며, 대체로 암나무가 수나무보다 크고 길다. 대마 줄기의 표면에는 세로로 골이 져 있다. 줄기의 횡단면은 둔한 사각형이며 잔털이 있고 중심부의 속이 비어 있는 구조이며, 가장 바

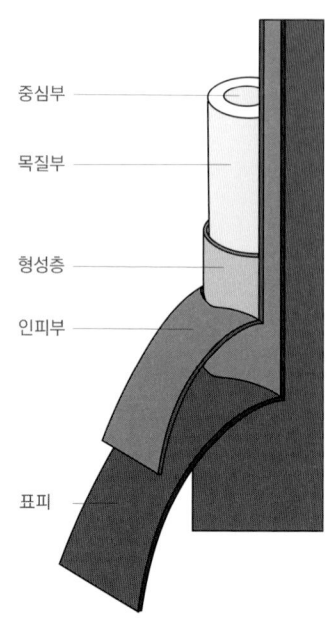

대마 줄기의 구조

깥쪽에는 표피가 있다. 표피 안쪽으로 삼베의 원료가 되는 인피부인 인피섬유가 자리하며, 다음에 형성층이 위치하고 가장 안쪽에 속 줄기 또는 속대라 불리는 목질부가 있다.[4] 삼베짜기의 원료가 되는 인피부의 대마섬유를 얻기 위해서는 우선 목질부인 속 줄기와 인피부를 접착하고 있는 형성층을 제거하고 인피부를 분리해야 하며, 이후 표피를 제거한다. 삼베짜기에서는 통상 표피와 인피부를 일컬어 껍질이라 부르며, 이를 다시 구분하여 표피를 겉껍질, 인피부를 속껍질이라 한다.

---

3 「삼」, 『한국민족문화대백과사전』, http://encykorea.aks.ac.kr.
4 임형진, 「안동포 길쌈체계의 우수성」, 『경상북도 무형문화재 제1호 안동포짜기 안동포짜기의 전승과 미래자원화』, 안동시, 2019, 95쪽; 김휘룡, 「안동 대마의 물리·생물적 특징」, 『안동 삼베 연구, 안동대학교박물관 총서 21』, 안동대학교박물관출판부, 2002, 116쪽; 국립민속박물관, 『천연섬유와 모피 식별 아틀라스』, 국립민속박물관, 2005, 33쪽.

대마 잎은 생장 초기 단풍잎처럼 잎자루가 길고 3~10개의 작은 잎이 갈라진 손바닥 모양의 겹잎이며, 줄기에서 마주난 잎은 점차 어긋나고 잎자루가 짧은 홑잎으로 돋아난다. 재배법에 따라 대마의 간격을 성글게 심으면 가지를 많이 치고, 빽빽하게 심으면 가지를 적게 친다. 꽃은 암수딴그루로 암꽃과 수꽃이 서로 다른 나무에서 피고, 열매는 껍질이 있는 약간 편평한 모습에 둥근 수과瘦果이다. 종자는 잿빛이 도는 흰색 또는 갈색으로 표면에 줄무늬가 있다.[5] 곧은 뿌리는 30~40㎝가량 자라나며, 곁뿌리는 많이 나지 않는다.

대마섬유의 주성분은 셀룰로오스(68%)이며, 펜토산(18%)·리그닌(13%)·펙틴(5%) 등을 함유한다. 대마섬유는 다른 마섬유와 같이 단섬유가 집합하여 섬유속纖維束을 만들어 1~3m의 긴 섬유를 조직하는데 단섬유의 길이는 5~55㎜, 섬유 폭은 16~50㎛ 정도이다. 색상은 갈색 계열을 띠며, 특성상 표백하여 백색의 섬유를 얻기 어렵다.[6] 대마섬유는 신도와 탄성이 부족한 점이 있으나 내구성과 내수성이 우수하다.

대마섬유를 현미경으로 살펴보면 단면은 대부분 모가 난 다각형의 형태로 불균일한데 사각, 오각, 육각형 등으로 다양하며, 일부 둥근 형태도 확인된다. 섬유세포 안에 중공이 확인되며, 여러 형태로 나타난다. 대마섬유의 측면은 길이 방향으로 줄무늬가 있고 곳곳에 교차 무늬가 나타난다.

---

5 국립민속박물관, 『천연섬유와 모피 식별 아틀라스』, 국립민속박물관, 2005, 33쪽.
6 김성련, 『피복재료학』, 교문사, 2009, 74쪽.

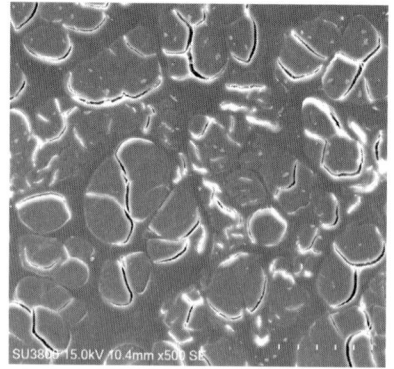
안동포 대마섬유 단면(500배 확대 촬영)

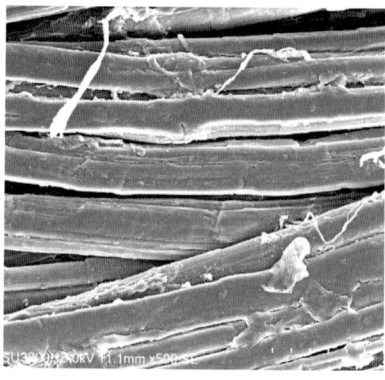
안동포 대마섬유 측면(500배 확대 촬영)

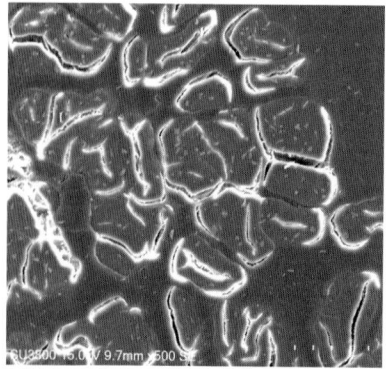
곡성 삼베 대마섬유 단면(500배 확대 촬영)

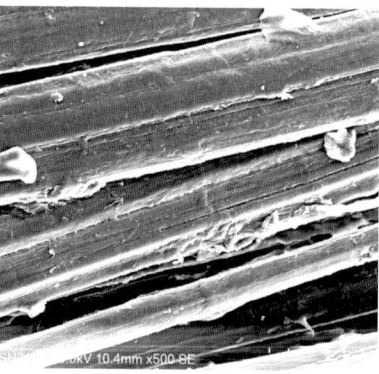
곡성 삼베 대마섬유 측면(500배 확대 촬영)

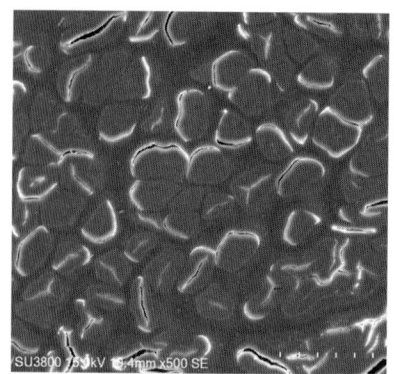
무주 삼베 대마섬유 단면(500배 확대 촬영)

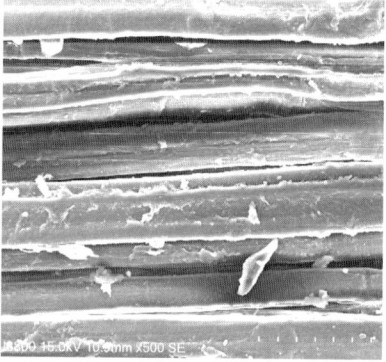
무주 삼베 대마섬유 측면(500배 확대 촬영)

(자료제공: 집필자)

2) 삼베의 정세도

전통 평조직 직물인 모시, 무명, 명주, 삼베의 정세도精細度는 일정한 직물 폭 간에 정경整經된 날실의 밀도로 나타내며, 단위는 '승升' 또는 '새'이다.

1승, 즉 1새는 날실 80올을 말하고, 날실 10올을 '모'라고 부르며 '모슴' 또는 '모거리'라고도 한다. 삼베를 짤 때 보통 날실을 바디 한 구멍에 두 올씩 끼우며 40개의 바디 구멍이 1새가 된다.[7] 예를 들어 '9승 2모'는 날실 전체에 '740올'이 사용된 것으로 9승은 720올(9×80올)이고 2모는 20올(2×10올)로 이를 서로 더한 값이다.

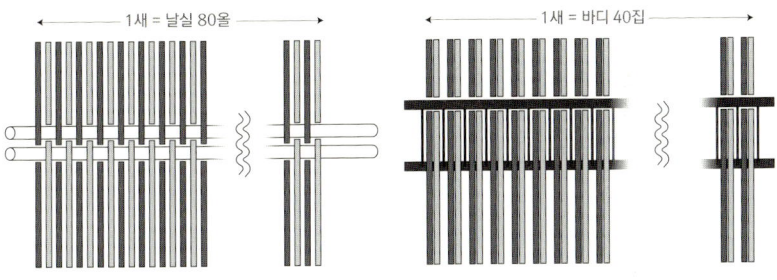

전통 직조 1새 기준 날실 수 (1새 / 날실 80올, 바디 40집)

안동에서는 2000년대 초반까지도 생냉이 기준 5~15새까지 다양한 샛수가 생산되었다. 근년에 이르러서는 주로 7새에서 9새의 생냉이가 제직되고 있다. 무삼의 경우는 5새가 보편적이다. 익냉이는 현재 생산이 거의 이루어지지 않고 있으며, 예전에는 보통 7새로 제직하였고 간혹 솜씨 있는 작업자는 8~9새도 짰다고 한다. 안동을 제외한 다른 지역의 삼베는 보통 4~6새로 제직되어 주로 수의용 옷감으로 사용되고 있다.

---

7 바디살 사이의 구멍은 한 집 또는 한 칸이라 한다.

안동포 생냉이 7새 세부

안동포 생냉이 8새 세부

안동포 생냉이 9새 세부

안동포 생냉이 보름새 김점호 제작[8]

세부

익냉이 7새 김점호 제작

세부

무삼 5새 김점호 제작

세부

(자료제공: 집필자)

2. 삼베의 역사

삼베는 시대별 계층을 가리지 않고 친숙하게 사용한 우리 고유 옷감이다. 삼베는 모시와 함께 통기성이 좋아 여름철 옷감으로 애용되었으며, 오늘날까지도 상례 및 공예의 소재로 폭넓게 활용하고 있다. 삼베는 전통 직물 가운데서도 손꼽는 유구한 역사를 지니며, 대중적인 직물로 여러 지역에서 제직되었다. 삼베의 역사를 시대별로 살펴보면 다음과 같다.

1) 선사시대

한국의 삼베짜기 유래를 살펴볼 수 있는 고고학적 발견은 신석기시대 유적으로 알려진 평안남도 온천군 궁산유적에서 이루어졌다. 다량의 조개더미가 수습되어 궁산패총弓山貝塚으로도 일컫는 유적으로 Ⅰ기층(B.C. 4500년경)에는 지름 2.5㎜, 길이 9㎝가량의 뼈바늘[骨鍼]에 꿰어 있는 마사麻絲가 감겨 출토되었다.[9] 이외에도 다량의 가락바퀴 유물이 확인되고 있어서 이른 시기 마사를 활용한 길쌈을 짐작할 수 있다.

초기 철기시대의 전라남도 광주 신창동유적(B.C. 100~A.D. 100년)에서는 마포 조각,[10] 즉 삼으로 짠 직물이 발견되어 삼베짜기의 오랜 연원이 확인된다. 같은 유적에서 직조에 사용되는 실감개와 바디 등과 더불어 대마의 종자가 발견되어 삼베가 당시의 주요 직물이었음을 추정해 볼 수 있다.

---

8 경상북도 무형문화재 안동포짜기 보유자 김점호(1926~2016).
9 고고학 및 민속학 연구소, 『궁산 원시유적 발굴 보고, 유적발굴보고 제2집』, 과학원출판사, 1957, 222쪽.
10 박승원, 「신창동 출토 직물의 종류와 제직 특성」, 『신창동 직물문화의 동아시아적 관점』, 국립광주박물관, 2013, 27쪽.

그 밖에 고조선 지역에서도 마 끈과 마직물 흔적이 발견 및 보고되고 있으며,[11] 선사시대 유적지마다 가락바퀴를 비롯한 실을 꿰는 뼈바늘이 출토되고 있어 길쌈의 역사를 헤아릴 수 있다.

광주 신창동유적 출토 마포 조각
초기 철기시대
(자료제공: 국립광주박물관)

---

11 심연옥, 『한국직물오천년』, 고대직물연구소출판부, 2002, 18쪽.

광주 신창동유적 출토 삼씨(좌, 중)와 현생 삼씨(우)
초기 철기시대
(자료제공: 국립광주박물관)

가락바퀴
신석기시대
(자료제공: 국립중앙박물관)

2) 삼국·통일신라시대

삼국 및 통일신라시대 삼베에 관한 기록은 포, 마포, 세繐 등으로 나타난다. 고문헌에서는 삼베와 모시에 대한 품종 구분 없이 포라고 통칭한 경우가 많아 분명한 해석에 어려움이 있으며, 통일신라시대에 이르러 점차 분류하여 기록하기 시작한다. 『삼국지三國志』 「위서魏書」 동이전東夷傳에서 예濊의 '유마포잠상작면有麻布蠶桑作緜'이라는 기록을 통해서도 삼국시대 이전부터 마포, 즉 삼베 사용이 유추된다.[12] 『삼국사기三國史記』 고구려본기를 보면 삼베옷[麻衣]을 입고 있는 사람에 대한 기록도 확인된다.[13] 신라 유리왕 9년(32)에 각 마을[部]에 여인들을 한 달간 모이게 하여 길쌈[績麻] 대회를 개최한 기록도 있다.[14]

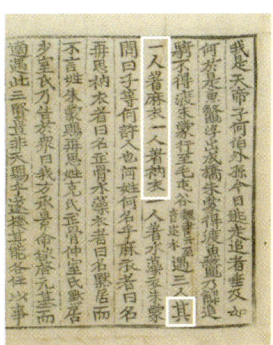

『삼국사기』 권제13 고구려본기

통일신라시대에는 국가에서 삼베 생산을 담당하는 관청인 '마전麻典'이 있었고,[15] 또한 신분에 따라 정해진 포에 관한 규정이 있었다. 『삼국사기』 색복色服에 관한 규정에 따르면 진골 여인은 28승 이하 포를 사용하고, 진골대등眞骨大等은 26승 이하 포를 사용하도록 제한하였다. 그 밖에 6두품頭品은 18승 이

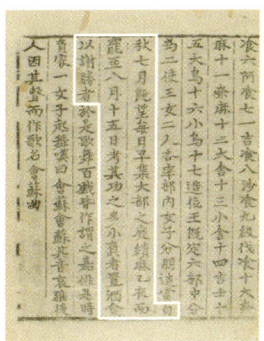

『삼국사기』 권제1 신라본기

---

12 『삼국지』, 위서 권30, 동이전, 예, "其俗…(중략)…有麻布蠶桑作緜.".
13 『삼국사기』 권제13, 고구려본기(高句麗本紀) 제1, "其一人着麻衣, 一人着衲衣, 一人着水藻衣.".
14 『삼국사기』 권제1, 신라본기(新羅本紀) 제1, "自秋七月旣望, 每日早集大部之庭, 績麻乙夜而罷. 至八月十五日, 考其功之多小, 負者置酒食, 以謝勝者.".
15 『삼국사기』 권제39, 잡지(雜志) 제8, "麻典, 景德王十八年改爲織紡局, 後復故. 干一人, 史八人, 從舍知四人.".

하, 6두품 여인은 25승 이하, 5두품은 15승 이하, 5두품 여인은 20승 이하, 4두품은 13승 이하, 4두품 여인은 18승 이하, 평민은 12승 이하, 평민인 여인은 15승 이하의 포를 사용하도록 규제하였다. 이 같은 기록을 통해 당시 다양한 승수의 포가 있었으며, 28승이 넘는 극히 섬세한 직물의 사용이 추정된다. 경순왕敬順王 9년(935)에는 나라가 폐망하자 왕자가 착용한 마의麻衣의 기록이 확인된다.[16]

실물 자료로는 중국 집안集安의 고구려묘에서 붉은색으로 염색된 섬세한 베가 출토되었고, 경주 천마총에서는 10승 정도의 베가 발견되었다.[17] 그 밖에 황남대총, 부여 쌍북리 북포유적, 가야 유적 등지에서 삼베로 추정되는 마직물의 흔적이 다수 확인된다. 또한 기와 제작 시 삼베를 사용한 흔적이 기와 내면에 남아 있어, 당시 삼베가 다양하게 활용되었음을 알 수 있다.

부여 쌍북리 북포유적 출토 마직물
백제시대(7세기 전반)
(자료제공: 국립부여박물관)

황남대총 출토 금동신발과 마직물
신라시대(4~6세기)
(자료제공: 국립경주박물관)

---

[16] 『삼국사기』 권제12, 신라본기(新羅本紀) 제12, "王子哭泣辭王, 徑歸皆骨山, 倚巖爲屋, 麻衣草食, 以終其身."
[17] 심연옥, 『한국직물오천년』, 고대직물연구소출판부, 2002, 18쪽.

부여 쌍북리 북포유적 출토 마직물 세부
백제시대(7세기 전반)
(자료제공: 국립부여박물관)

황남대총 출토 마직물 세부
신라시대(4~6세기)
(자료제공: 국립경주박물관)

3) 고려시대

고려시대 삼베는 마포·포·세마포·세중마포 등으로 문헌에서 빈번하게 나타난다. 섬세한 정도인 승 수, 용도, 산지, 색 등에 따라 다양한 마포가 사용되었음을 알 수 있으며,[18] 품종별 황마포·이십승마포·광포·평포·중포·생평포·중평포·공평포·오종포 등이 확인된다.[19] 『고려사高麗史』에서 고려 말 20승 황마포의 기록이 나타나는데, 황마포는 여러 도에서 거둔 공물로 여공의 일 가운데 가장 어려운 것이라 하였다.[20]

북송北宋의 봉사고려국신서장관奉使高麗國信書狀官으로 1103년 고려를 다녀간 손목孫穆이 쓴 『계림유사鷄林類事』에서는 당시 고려에서 통용된 어휘를 한자의 음이나 뜻을 빌려 풀이하였는데 마麻는 '삼三'이라 하고, 그 밖에 저紵는 '모毛', 저포紵布는 '모시배毛施背'라 표기하였다.[21] 고려시대에는 대마와 저마를 구분하였으며, 대마를 '삼'이라 부르기 시작한 초기 어원이 확인된다.[22]

『선화봉사고려도경』 권제23 토산
(자료제공: 서울대학교 규장각한국학중앙연구원)

---

18 심연옥, 『한국직물오천년』, 고대직물연구소출판부, 2002, 19쪽.
19 권두규·조규복, 「안동포의 역사」, 『안동 삼베 연구, 안동대학교박물관 총서 21』, 안동대학교박물관출판부, 2002, 22쪽; 조효숙, 「고려시대 직조수공업과 직물생산의 실태」, 『국사관논총』 제55집, 국사편찬위원회, 1994, 62쪽.
20 『고려사』 권123, 열전(列傳) 권제36, 폐행(嬖幸), "今又令諸道, 貢二十升黃麻布, 紡績於女工最難, 村婦安能細織."
21 『계림유사(鷄林類事)』 권3, 방언(方言), "麻曰三…(중략)…紵曰毛. 紵布曰毛施背." 『계림유사』 판본 중 '고금도서집성(古今圖書集成)'을 참고하였으며, 한양대학교 부설 국학연구원에서 발행한 『계림유사(영인판)』(1974)에 수록된 것을 이용하였다.
22 김진구, 「鷄林類事의 織物關聯用語 研究 I」, 『복식문화연구』 제7권 제2호, 복식문화학회,

삼베 직조기술은 고려시대에 이르러 더욱 번영한 것을 알 수 있는데, 송나라 사신 서긍徐兢이 쓴 『선화봉사고려도경宣和奉使高麗圖經』에는 "고려[其國]는 모시[紵]와 더불어 마를 스스로 심어, 많은 사람들이 베옷을 입었다."[23]고 기록하여 당시 풍속이 확인된다. 삼베는 면직물이 활발하게 제직되기 이전까지 옷감의 주요 재료로 가장 일반적으로 사용된 것으로 보인다.

월정사 팔각구층석탑에서 발견된 사리장엄구 중 진신사리경을 묶은 끈이 대마로 판명되었다.[24] 고려시대 불복장 유물에서는 특별히 마씨[麻子]가 발견되었으며, 해인사海印寺 목조비로자나불상木造毘盧遮那佛像 불복장에서는 삼베 답호 및 복식의 소매 부분이 발견되었다. 온양민속박물관 소장 아미타불복장阿彌陀佛腹藏에서는 15편의 삼베, 단국대학교 석주선기념박물관 소장의 복장품으로 확인된 2점의 삼베가 보고되었다.[25] 그 밖에 삼베는 오래전부터 건칠불의 바탕 소재로 사용되었으며, 봉화 청량사 건칠약사여래좌상(8세기 후반~10세기 전반)에서부터 그 연원을 확인할 수 있다.

삼베 소매
고려시대, 해인사성보박물관 소장
(자료제공: 수덕사근역성보관)

1999, 9쪽; 계림유사에서 마를 부르는 고려시대 '三'의 발음을 'Sam(삼)'이 아닌 'San(산)'으로 보는 연구 견해도 있다.
23 『선화봉사고려도경(宣和奉使高麗圖經)』 권23, 잡속(雜俗)2, 토산(土產), "其國, 自種紵麻, 人多衣布.".
24 국립민속박물관, 『천연섬유와 모피 식별 아틀라스』, 국립민속박물관, 2005, 34쪽.
25 문화재연구소 예능민속연구실, 『한국민속종합조사보고서 22(직물공예편)』, 문화재관리국 문화재연구소, 1991, 222~223쪽.

답호
고려시대, 해인사성보박물관 소장
(자료제공: 수덕사근역성보관)

4) 조선시대

조선시대 삼베의 품종으로 마포·세마포·생마포·정포 등이 사용된 기록이 나타나며, 필요에 따라 청·황·홍·자·흑 등 각 색으로 물들여 사용하였다.[26] 마포는 색에 따라 백포·아청포·청포·자포·홍포·황포·흑포로 불렸으며 정포正布는 5승 마포로써 화폐로 통용되었는데,[27] 색을 구분하여 백정포·생정포·선청정포縇靑正布 등으로 명명되었다.

기록에는 마포의 품질이 우수하여 국가 간의 교역품이나 왕이 사신 또는 공신들에게 내리는 하사품으로 사용된 사례가 많이 나타난다. 특히, 세마포는 정세한 마포를 지칭하는 것으로 복식의 규제 대상이 되기도 했다.[28] 조선 성종 때 사신으로 다녀간 명나라 사신 동월董越이 1490년에 펴낸 『조선부朝鮮賦』에 따르면 "(조선의) 포는 마를 가지고 짠다."[29]라고 하여 당시 일반적으로 포에는 마가 사용된 것을 알 수 있다.

조선시대에는 전국의 마 재배 현황을 살펴볼 수 있는 기록이 남아 있어 참고된다. 『세종실록지리지世宗實錄地理志』의 토의土宜 조條에는 조선 전기 지역별 마 생산이 가능했던 지역을 살펴볼 수 있는데, 전국적으로 삼베가 생산되었음을 유추해 볼 수 있다. 『신증동국여지승람新增東國輿地勝覽』의 토산土產 조에는 평안도 지방에 집중적으로 분포된 삼 재배 현황이 확인된다. 비교적 조선 후대 기록인 『여지도서輿地圖書』의 물산物產 조에는 마와 마사를 구분하는데 마찬가지로 전국 규모의 마 생산이 확인된다.[30] 당

---

26 심연옥, 『한국직물오천년』, 고대직물연구소출판부, 2002, 19쪽.
27 문화재연구소 예능민속연구실, 『한국민속종합조사보고서 22(직물공예편)』, 문화재관리국 문화재연구소, 1991, 86쪽.
28 『태종실록(太宗實錄)』 24권, 태종 12년(1412), 11월 14일 을미, "使庶人毋得用細紬細麻布, 以別上下服章."
29 『조선부(朝鮮賦)』, "布織以麻."
30 공상희, 「조선시대 섬마(纖麻)기술의 변천과 근대적 개량」, 한국전통문화대학교 박사학위논문, 2020, 33쪽.

시 마는 생육 환경에 큰 영향 없이 보편적인 작물로 널리 재배되었음을 알 수 있으며, 각 지역의 특산 삼베가 탄생한 배경이 되었다.

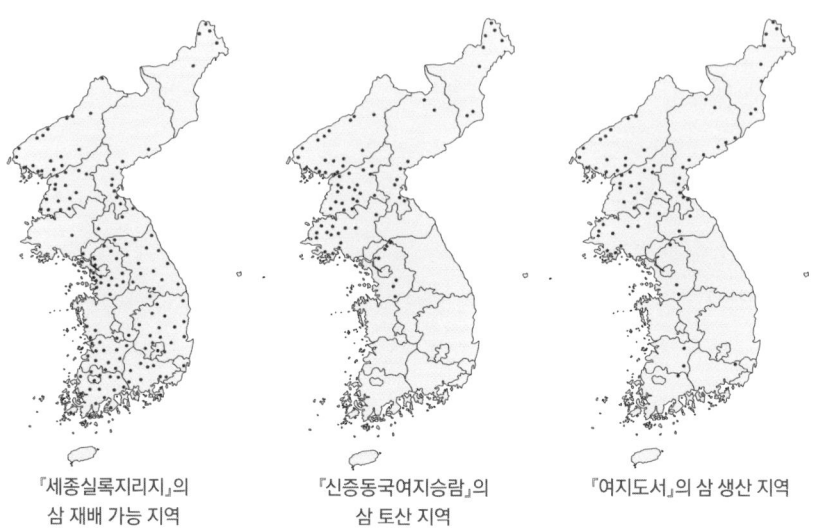

『세종실록지리지』의 삼 재배 가능 지역   『신증동국여지승람』의 삼 토산 지역   『여지도서』의 삼 생산 지역

조선시대에 명성이 높았던 삼베는 함경도의 육진 지역에 해당하는 종성鐘城·온성穩城·회령會寧·경원慶源·경흥慶興·부령富寧 등지에서 생산하던 북포北布였다. 『임원경제지林園經濟志』와 『오주연문장전산고五洲衍文長箋散稿』 등에는 함경도 삼베가 매우 고와서 한 필이 대나무 통에 들어간다고 하여 통포筒布라고 하였다.[31] 이 같이 함경도 육진 지역에서 생산한 고운 삼베는 육진세포·발내포·통포·북포로 불리었다. 조선시대에는 북포 이외에도 영남의 삼베를 세포細布라 하였으며, 『한양가』를 통해 안동포安東布·해남포海南布·영춘포永春布 등의 기록이 확인된다. 『낙하생집洛下生集』에서는 의령宜寧과 영천永川에서 생산되는 황마포黃麻布의 내용이 확인된다.[32] 기록을

---

31 최남선(1890~1957)의 『고사통(故事通)』에서도 유사 내용이 확인된다.
32 『낙하생집』 책6, 영남악부(嶺南樂府), "黃麻布…(중략)…今宜寧, 永川等地, 猶產此布, 目爲 黃苧布. 槧以麻爲之, 以色如新柳, 薄如蟬翼者爲良."

통해 각 지역의 삼베들이 활발히 생산되고 유통되었음을 알 수 있다. 조선시대 삼베 유통에 관한 기록으로 『임원경제지』에 19세기 무렵 삼베[麻布]를 판매한 장시場市에 관한 내용이 확인되는데, 전국적으로 139개의 장시가 있었음이 나타난다.

조선시대 북포 및 기타 세포 제작법과 관련하여 『오주연문장전산고』에서 관련 기록이 나타나고 있어 주목된다. 이 중 북포와 관련된 기록 내용은 다음과 같다.

『임원경제지』에 기록된 삼베 판매 장시

북관北關의 육진六鎭 가운데 종성부鍾城府 부계涪溪 등지에서 생산되는 통포 짜는 방법을 보자. 위로 쭉쭉 곧게 자란 세마細麻, 그것도 곁가지[旁枝]나 마디·눈이 없는 것을 취하여 염박簾箔처럼 엮는다. 지붕 위 혹은 시렁 위에 놓고 낮에는 햇볕을 쪼이고 밤에는 이슬을 받게 한다. 거의 한 달[一朔]을 경과한 뒤 그것을 내려서 깨끗한 땅에 펼쳐놓고 도리깨로 두드린다. 그 본뼈대(속대)를 남김없이 없애면 곧 삼껍질[麻皮]이 저절로 머리카락처럼 가는 실이 된다. 다시 그중에서 아주 가늘고 정한 것을 가려 삼을 삼아서 실을 만든다. 다시 간차(물레)에다 실을 자아 쪄내는데 일반 세탁하는 방법과 같이 한다. 색이 담황색으로 맑고 깨끗해지면 햇무리가 온 방안을 비춘 뒤에 비로소 베틀에 올라 베를 짠다.[33]

이처럼 『오주연문장전산고』에서는 북포 제작 기술에 관한 중요 기록이 나타나며 함께 수록된 세포 제작법과 큰 차이를 나타낸다. 북포 제

---

33 최영성, 『전통공예문헌 자료집성 1 「오주연문장전산고」의 변증류』, 이른아침, 2008, 206~207쪽.

작은 원재료인 삼을 찌지 않고 섬유를 채취하는 방식으로, 오늘날 현전하지 않는 삼베짜기 방식에 해당한다.[34] 세포 제작의 경우 삼을 가마솥에 넣고 쪄내는 방식으로, 이는 근년까지도 이어져 온 방식이다.

그 밖에 『한양가』에서 확인되는 안동포에 관한 기록은 안동에서 생산된 삼베에 관한 초기 사료로서 중요하다. 『한양가』에서는 안동포와 함께 각 지역 포들이 나타나며 직물 종류로 '계추리[계츄리]'가 기록되어 특기하다.[35] 이처럼 삼베짜기 산지로 안동은 19세기 이후에서야 분명히 나타나기 시작한다. 1844년 『한양가』에서 안동포의 기록이 나타난 이후로는 1892년 「의화군관례시의복발기」義和君冠禮時衣服件記」에서 확인된다.

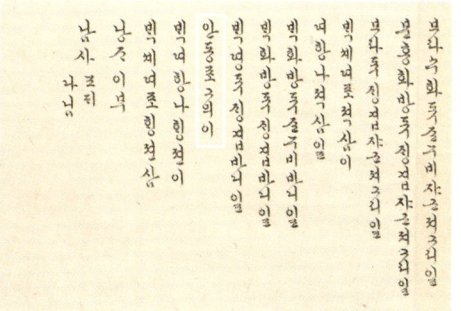

「한양가」에 기록된 안동포와 계추리
(자료제공: 국립중앙도서관)

「의화군관례시의복발기」에 기록된 안동포
(자료제공: 한국학중앙연구원 장서각)

---

34 야마구치 세이[山口 精], 『조선산업지 중(中)』, 보문관(寶文館), 1911, 387~388쪽. 『조선산업지』에서는 북포의 최대 생산지는 함경도이고, 그다음으로 강원도라 하였으며, 대마의 껍질을 벗기는 방법에 있어서 북포는 증열법(蒸熱法)을 쓰고, 안동포는 침수법(浸水法)을 쓴다고 하여, 근대기에는 북포의 인식 및 지역별 제작 기술에 변화가 있었음을 알 수 있다.

35 오늘날 안동에서는 삼베의 원재료가 되는 속껍질을 주로 '계추리'로 지칭하고 있으나, 조선시대 문헌에서는 직물의 종류로 나타나며 '계츄리' 또는 '계출(繼出)', '계출이(繼出伊)', '겨출이' 등으로 표기된다. 『동사강목(東史綱目)』에서는 황마포의 속명(俗名)을 '계출(繼出)'이라 하였으며, 경상북도 영천 등지에서 나는 베라 하였다. 『송남잡지(松南雜識)』에서는 황윤포(黃潤布)는 지금의 황저(黃苧)이고, 풍속에 계출이(繼出伊)라 하였으며, 영남 오직 영천과 가까운 읍(邑)에서 난다고 기록된다.

의화군義和君 이강李堈(1877~1955)의 관례 복식을 기록해 둔 궁중발기로 안동포로 만든 바지[고이]에 관한 기록이 있다.

조선시대 삼베 길쌈의 모습은 조선시대 기산箕山 김준근金俊根의 뵈 낫는 모양(19세기)을 통해서 살펴볼 수 있다. 삼을 째고 삼아서 실을 만들고, 공 형태로 감은 다음 돌것에 올려 큰 실타래를 만드는 모습이다. 돌것에 올려 큰 타래를 만드는 작업은 삼베 길쌈의 특징이다. 그림 하단에는 베매기 작업이 묘사되어 있다.

조선시대에도 불복장에서 삼베 관련 유물이 천성산 관음사觀音寺 목조관음보살상木造觀音菩薩像, 수덕사修德寺 목조삼세불상木造三世佛像과 봉림사鳳林寺 목조아미타불상木造阿彌陀佛像 등에서 발견되었다. 관음사 목조관음보살상에서는 한지에 싼 마씨가, 수덕사 목조삼세불상에서는 포 2점이 확인되며, 봉림사 목조아미타불상에서는 특별히 삼실과 5승가량의 삼베 조각이 조사되었다.

뵈 낫는 모양(베 낫는 모양), 19세기
(자료제공: 국립민속박물관)

조선시대에는 불복장물을 비롯한 출토 복식에서도 삼베로 제작된 복식 유물이 다수 확인되는데, 관련된 유물은 경기도박물관 소장 연안 김씨(延安金氏, 16세기 말) 묘 출토 복식 적삼, 국립대구박물관 소장 진주 하씨(晉州河氏, 17세기 중반) 묘 출토 복식에 삼베 홑장옷, 삼베 홑바지 등이 있다. 특히 영주의 소수박물관에 소장된 김흠조(金欽祖, 1461~1528) 묘 출토 단령은 사마교직絲麻交織으로 추정되는 직물로 당시 매우 정교한 견사 및 마섬유 제사기술을 엿볼 수 있는 유물이다. 이는 『세종실록世宗實錄』에서 두 차례 언급되는 사마교직포絲麻交織布의 기록을 뒷받침하는 사료이다.[36]

그 밖에도 삼베는 괘불의 바탕 직물, 나전칠기 배지 등으로 공예 분야 전반에 걸쳐 공예 소재로 다양하게 활용된 것을 알 수 있다.

마씨
조선시대, 부산 원광사 소장
(자료제공: 집필자)

삼실
조선시대, 봉림사 소장
(자료제공: 수덕사근역성보관)

---

[36] 『세종실록』 권3, 세종 1년(1419), 1월 22일 정묘, "帝所進金飾鞍子四面, 黃細苧布三十匹, 白細苧布三十匹, 黑細麻布一百匹, 絲麻交織布一十匹, 絲苧交織一十匹, 人蔘二百觔."; 『세종실록』 권11, 세종 11년(1429), 6월 19일 갑오, "卒府尹李玄妻李氏進十九升絲麻交織布一匹, 賜米豆幷十五石".

포
조선시대
(자료제공: 수덕사근역성보관)

포
조선시대
(자료제공: 수덕사근역성보관)

삼베 홑 적삼
조선시대(16세기 말)
(자료제공: 경기도박물관)

삼베 홑 바지
조선시대(17세기)
(자료제공: 국립대구박물관)

삼베 홑 장옷
조선시대(17세기)
(자료제공: 국립대구박물관)

I_삼베의 이해   33

5) 근대

삼베를 비롯한 우리나라 전통 옷감은 오랜 세월 수공예 방식으로 제직되었으나, 근대기 산업화라는 시대의 흐름 속에서 직물 문화는 변화를 맞이하게 된다. 근대기 이후에는 합성섬유 직물이 대량으로 유통되고 널리 보급되면서 전통 직물의 생산은 꾸준히 감소하는 추세이다.

1915년 『조선휘보朝鮮彙報』에는 일본인 요시나가 히코타로[吉永 彦太郎]가 1900년대 초 당시 한국에서 유통되던 직물을 8년 동안 수집하여 「조선향염직물명칭류휘朝鮮向染織物名稱類彙」를 기술하였는데, 국산 마직물 30여 종을 확인할 수 있다. 마직물은 정세도, 용도, 산지 등에 따라 다양한 종류가 있었음을 알 수 있다.

또한, 1930년 『조선총독부 중앙시험소보고 제11회朝鮮總督府中央試驗所報告 第11回』의 「조선 향마포의 품위와 제직 개량 표준[朝鮮向麻布の品位と製織改良標準]」에는 당시 지역별로 생산된 34편의 삼베를 수집하여 실험표본을 정리하고 분석한 보고서가 있으며, 지금은 실물로 확인하기 어려운 지역의 삼베를 확인할 수 있다.[37] 조사 대상지는 안동安東·청송靑松·맹산孟山·회령會寧·무산茂山·회양淮陽·남원南原·삼수三水·의성義城·거창居昌·합천陜川·양덕陽德·구례求禮·희천熙川·영동永同·명천明川·강계江界·풍산豊山·갑산甲山 등이다.

『조선휘보』에 기록된 국내 생산 마직물

마직물의 종류	조선향염직물명칭류휘(朝鮮向染織物名稱類彙)의 해설
마포(麻布)	대마를 직조한 것
숙마포(熟麻布)	삼베를 반 정도 표백 공정을 거친 것
토포(土布)	삼베의 하등품

---

37 조선총독부 중앙시험소(朝鮮總督府中央試驗所), 『조선총독부 중앙시험소보고, 제11회(朝鮮總督府中央試驗所報告, 第11回)』, 근택인쇄부(近澤印刷部), 1930, 78~79쪽.

상포(常布)	보통 품질의 삼베
농포(農布)	농부의 의류에 쓰인 삼베
필포(疋布)	필 개념의 긴 삼베
세포(細布)	가는 실로 곱게 짠 삼베
추포(麤布)	거칠게 짠 삼베
삼승포(三繩布)	13새의 바디로 짠 것의 약칭이며, 상등목면을 삼승목이라 전함
칠승포(七乘布)	7새의 바디로 짠 삼베, 칠승포라 함이 맞다고 전함
구승포(九升布)	9새의 바디로 짠 삼베로, 승(升) 자에 승(乘) 또는 승(繩)을 대신 사용
강포(江布)	강원도 강릉군 삼척군에서 생산된 삼베
양포(襄布)	강원도 양양군에서 생산된 삼베
평강포(平康布)	강원도 평강군 삼베
조포(造布)	함북에서 생산된 삼베로 환포라고 전함
광조포(廣造布)	조포(造布)의 폭 넓은 것
세광조포(細廣造布)	광조포(廣造布)의 촘촘한 것
환포(換布)	함북 회령 온성 경성 지방에서 생산되는 삼베
무포(茂布)	함북 무산군에서 생산되는 삼베
북포(北布)	함북 경성 길주 명천 지방에서 생산되는 삼베를 전함
세북포(細北布)	촘촘한 북포
길포(吉布)	함북 길주군에서 생산되는 삼베
경포(鏡布)	함북 경성군에서 생산되는 삼베
초포(楚布)	함북 명천군 초촌에서 생산되는 삼베
안동포(安東布)	경북 안동군에서 생산되는 삼베
청운포(靑雲布)	경북 청송군에서 생산되는 삼베로 안동포와 품질이 서로 비슷
의성포(義城布)	경북 의성군에서 생산되는 삼베로 안동포와 유사한 두꺼운 것
해남포(海南布)	경남 해남군에서 생산되는 삼베
거창포(居昌布)	경남 거창군에서 생산되는 삼베
구례포(求禮布)	전남 구례 곡성 지방산 마포로 대개 옅은 황색으로 염색된 것
맹포(孟布)	평남 맹산군산 마포

조선총독부중앙시험소에 수록된 국내 생산 마직물 실험표본

조선산대마포시험표본(朝鮮産大麻布試驗標本)

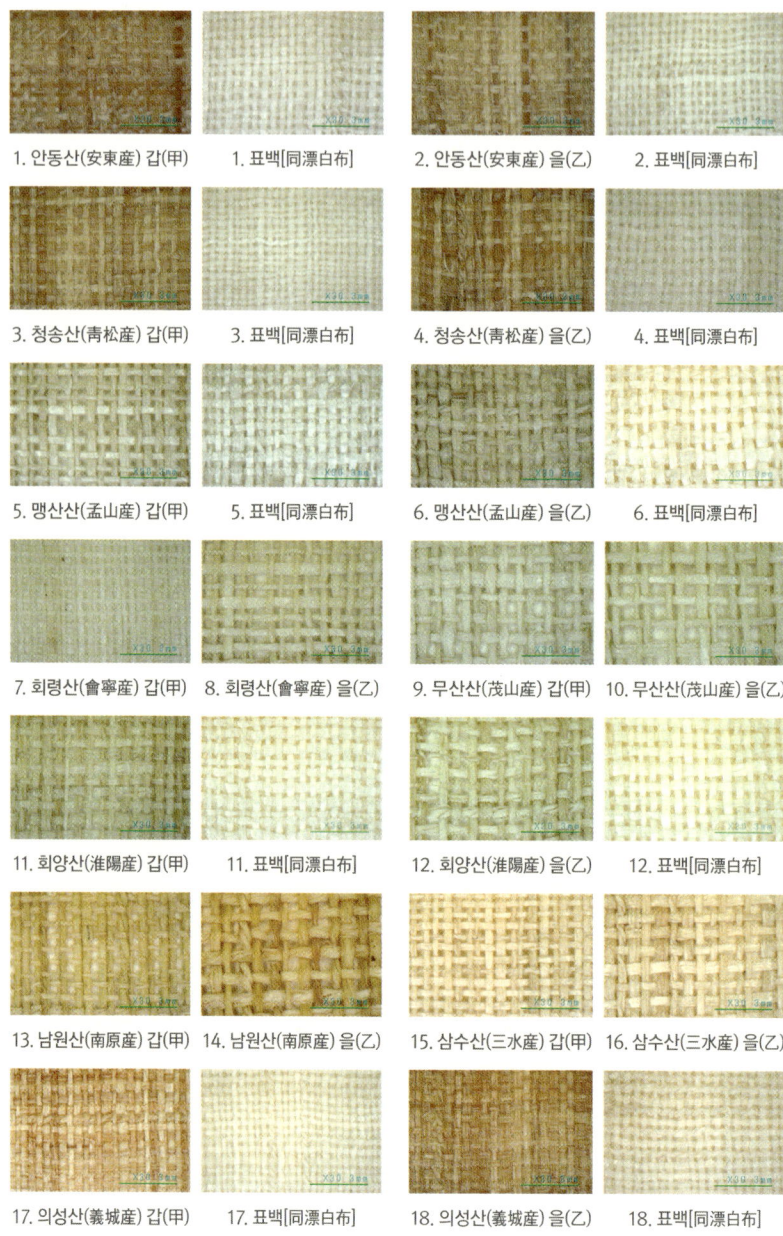

1. 안동산(安東産) 갑(甲)　　1. 표백[同漂白布]　　2. 안동산(安東産) 을(乙)　　2. 표백[同漂白布]
3. 청송산(靑松産) 갑(甲)　　3. 표백[同漂白布]　　4. 청송산(靑松産) 을(乙)　　4. 표백[同漂白布]
5. 맹산산(孟山産) 갑(甲)　　5. 표백[同漂白布]　　6. 맹산산(孟山産) 을(乙)　　6. 표백[同漂白布]
7. 회령산(會寧産) 갑(甲)　　8. 회령산(會寧産) 을(乙)　　9. 무산산(茂山産) 갑(甲)　　10. 무산산(茂山産) 을(乙)
11. 회양산(淮陽産) 갑(甲)　　11. 표백[同漂白布]　　12. 회양산(淮陽産) 을(乙)　　12. 표백[同漂白布]
13. 남원산(南原産) 갑(甲)　　14. 남원산(南原産) 을(乙)　　15. 삼수산(三水産) 갑(甲)　　16. 삼수산(三水産) 을(乙)
17. 의성산(義城産) 갑(甲)　　17. 표백[同漂白布]　　18. 의성산(義城産) 을(乙)　　18. 표백[同漂白布]

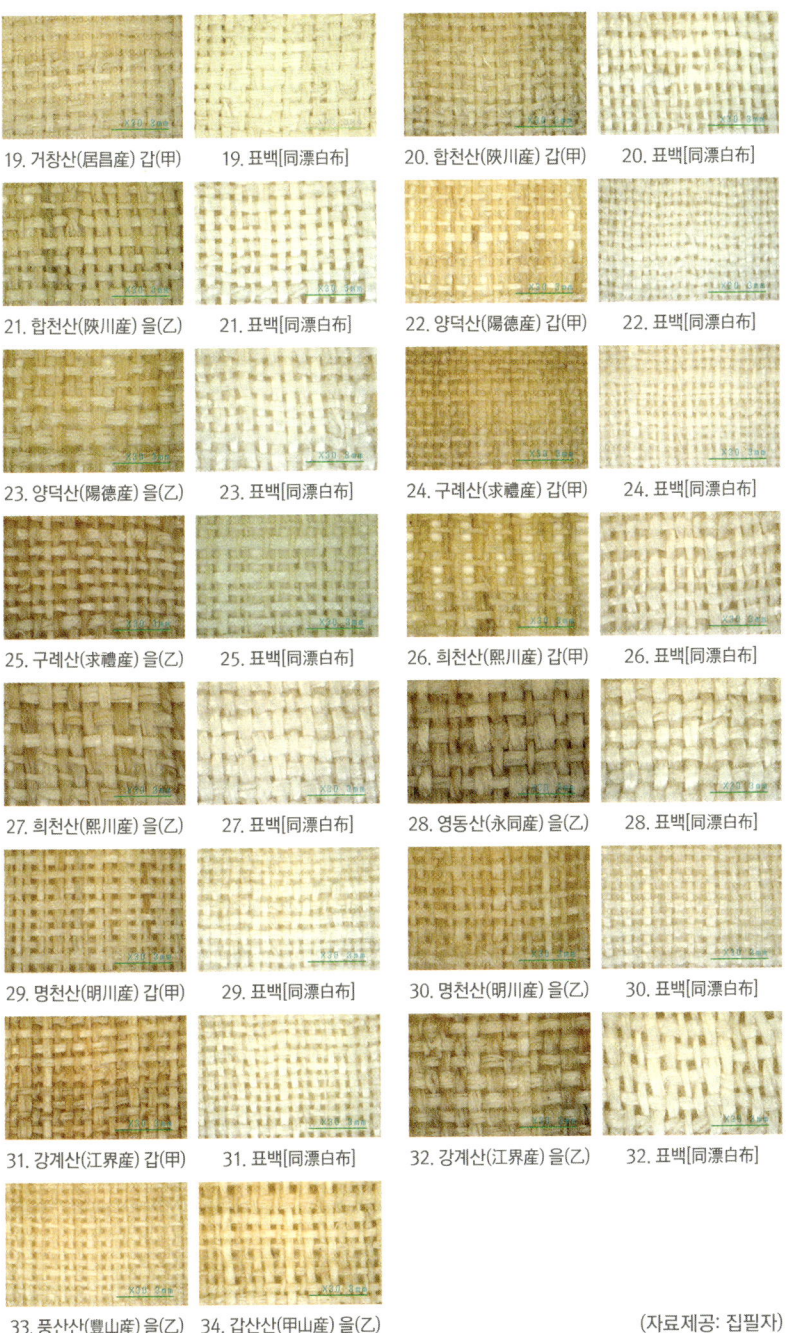

(자료제공: 집필자)

「조선 향마포의 품위와 제직 개량 표준」의 '조선산 대마포 품위 시험 성적朝鮮産大麻布品位試驗成績'에 관한 기록을 통해 조사 대상인 34종의 삼베에 대한 당시 가격, 길이, 폭, 평균 두께 및 두께 차이, 중량, 밀도 등이 확인된다. 1필의 길이는 최대 36.02m에서 최소 10.76m였으며, 폭의 경우 가장 넓은 것은 45.5㎝, 가장 좁은 것은 33.4㎝로 나타나고 있어 지역마다 삼베 제직 사양이 다르게 나타남을 알 수 있다.

『조선여속고朝鮮女俗考』에서도 조선시대부터 이어진 각 지역 특산 마포의 내용이 확인되는데, 북포·영포·강포 내용과 함께 안동포의 기록이 나타난다. 조선시대부터 명성이 높았던 북포와 더불어 근대기 이후로는 점차 안동포가 지역 특산 삼베로 자리매김한 것을 알 수 있다.

특히 안동의 경우, 『조선산업지朝鮮産業誌』에 의하면 안동군의 마포 수출량이 7,500필에 달하였으며, 당시 삼베 제직이 면직물보다 많았음을 알 수 있다. 일제강점기에는 전국에 분포한 삼베짜기 주산지를 중심으로 생산이 다시금 장려되었고, 1912년 안동의 마포를 개량할 목적으로 강습이 행해졌다. 1913년에는 안동마포개량동업조합安東麻布改良同業組合이 설치되었으며, 1920년 안동마포조합安東麻布組合으로 개칭하였다. 1929년도에는 전액 국고로 보조하여 공동작업장을 두었으며, 1933년에도 역시 자금을 지원하였다.[38] 일제강점기 이후로는 다른 지역의 삼베는 점차 소멸하기 시작하나 안동은 명맥을 유지하였으며, 안동포는 1980년대에 현재와 같은 전국적인 명성을 얻기 시작한 것으로 보고 있다.

이처럼 안동은 근대기를 거쳐 삼베 명산지로 널리 알려졌으며, '안동포'는 지역 삼베의 일종을 일컫는 고유명사로 위상을 공고히 하게 된다. 안동은 지역적으로 질 좋은 대마가 재배되어 좋은 품질의 마포가 생산되었고 더욱이 다른 지역에서 쉽게 볼 수 없는 삼베가 전승되었다. 안동

---

38 권두규·조규복, 「안동포의 역사」, 『안동 삼베 연구, 안동대학교박물관 총서 21』, 안동대학교박물관출판부, 2002, 32쪽.

포는 제조 방법에 따라 생냉이, 익냉이, 무삼 등으로 분류되며 오늘날에는 생냉이를 주로 생산하고 있다.[39]

6) 현대

삼베는 전국 각 지역에서 생산하였으며, 지역별 환경과 재배 조건, 도구, 제직 방식에 따라 다양한 종류를 생산하였다. 그러나 오늘날 삼베짜기는 전통사회와는 다른 환경과 인식 변화로 생산과 기능 전승에 어려움을 겪고 있다. 1977년에는 대마 성분의 악용을 우려하여 대마관리법이 시행되면서 대마 재배가 더욱 까다로워졌으며, 전국의 대마 생산 규모가 급격히 위축되었다. 이에 대한 여파는 대마 길쌈 관련 종사자 수도 급감하게 된 원인으로 작용하였다.

(1) 지역별 삼베 제직 현황[40]

삼베는 근년까지도 전통 옷감 가운데 모시, 무명, 명주보다 비교적 많은 지역에서 제직 활동이 이어져 왔으나, 삼베짜기 역시 제작지가 급감하는 상황에 놓여 있다.

2015년 기준 삼베 제작 산지로는 안동을 비롯한 당진·예산·홍성·정선·삼척·강릉·무주·곡성·보성·순창·봉화·청도·거창·남해 등이 있으며, 안동을 제외하고는 일반적으로 35~38㎝ 폭에 주로 4~6새로 제작되는 거친 질감의 수의용 삼베로 단일화되고 있다. 지역별로 길쌈의 공정과 샛수는 유사하나 제작 과정 중 사용하는 풀이나 첨가물 등의 차이

---

39 심연옥, 『한국직물오천년』, 고대직물연구소출판부, 2002, 19쪽. 근·현대기에 안동포라는 명칭은 안동 지역에서 전승되는 여러 삼베 종류 가운데 주로 생냉이를 지칭하는 용례로 다수 나타난다. 생냉이는 생내기, 제추리베 등으로도 불린다.
40 지역별 삼베 제직 현황은 2015년도 조사 내용을 토대로 서술하였다.(심연옥·금다운, 「삼베짜기 전승현황 및 지역별 특성」, 『한복문화』 19권 3호, 한복문화학회, 2016.)

에 따라 삼베의 색과 촉감에서 약간의 차이를 보인다. 대부분 전통베틀보다는 개량베틀을 도입해서 제직에 사용하고 있다.

현재 대표적인 삼베 생산 지역은 안동·봉화·거창·무주·보성·남해·정선을 손꼽을 수 있다. 일반적으로 삼베 짜기는 삼 재배·삼 수확·삼 찌기·삼 껍질 벗기기·삼째기·삼삼기·삼실을 물레로 꼬임주기·삼실 돌것에 올리기·삼실 잿물에 띄우기·수세 과정에서 겉껍질 벗기기·돌것에서 실 내리기·베날기·베매기·직조하기·제직 이후 후처리 등의 과정을 거친다.

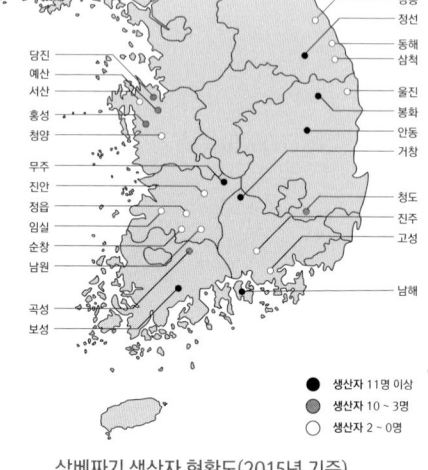

삼베짜기 생산자 현황도(2015년 기준)

경북 안동시 임하면 금소리 '안동포 마을'은 현재 삼베 생산 지역 중 비교적 가장 활발한 지역으로 안동포짜기마을전수교육관 및 안동포 전시관, 자택 등에서 삼베를 생산하고 있다. 이 지역의 삼베짜기 기능은 오래전부터 경상북도 무형문화재 '안동포짜기'로 지정되어 보존 및 전승 가치를 인정받고 있었으며, 국가무형문화재 '삼베짜기'에 '국가무형문화재 안동포짜기마을보존회'가 단체 지정되어 기능 전승을 보호하고 있다. 안동에서는 다양한 종류의 삼베가 생산되었는데, 제작법의 차이에 따라 생냉이, 익냉이, 무삼 등이 있다.[41] 특히 생냉이는 안동 지역 삼베를 대표하며 일반적인 지역 삼베와는 달리 삼톱으로 삼의 겉껍질을 벗긴 계추리[42]로 만들어지는데 모시와 비견

---

41 이은주, 「의생활」, 『안동시사 3』, 안동시, 1999, 299~300쪽; 배영동, 「안동포 길쌈의 우수성과 교육자원 가치」, 『경상북도 무형문화재 제1호 안동포짜기 안동포짜기의 전승과 미래자원화』, 안동시, 2019, 259쪽. 연구자에 따라 안동의 삼베 길쌈을 '생냉이', '익냉이', '무삼' 길쌈으로 나누거나, '익냉이' 안에 무삼을 포함하여 '일반 익냉이'와 '무삼'을 구분하기도 한다.

될 정도로 매우 곱고 섬세한 특징이 나타난다. 익냉이는 안동 지역에서만 확인되는 고유한 삼베이다. 안동의 생냉이와 익냉이는 째고 삼기 과정 이전에 삼톱으로 삼 껍질의 겉껍질을 제거하는 방법으로 제직한다. 생냉이는 겉껍질을 벗기고 삼을 째고 삼은 후 실의 정련 과정 없이 바로 직조한다. 또한, 실의 꼬임을 주는 연사 과정에서 물레를 사용하지 않고 손과 무릎만을 사용한다. 직조 과정 이후에는 직물의 색과 유연함을 위해서 직물 상태에서 잿물에 띄우고 치자물을 들이기도 한다. 이 과정을 안동 지역에서는 '상괴낸다'고 한다. 익냉이의 경우 겉껍질을 벗기고 삼을 째고 삼아 실을 만든 후 다시 실타래 상태에서 잿물에 삶아 정련하여 직조한다. 익냉이는 공정의 수고로움으로 인해 현재는 제직이 거의 중단된 상황이다. 무삼은 다른 지역 삼베와 같이 째고 삼는 과정 이후에 잿물 정련으로 겉껍질을 제거한다. 안동 지역에서는 무삼 제직보다는 생냉이 생산이 주로 이루어지고 있으며, 다른 지역 삼베에 비해 색이 노랗고 촉감이 부드럽다. 매기 과정에서는 좁쌀과 된장 등으로 풀을 만들어 사용한다. 생냉이의 직물 폭은 35~38㎝ 내외이며, 5새부터 15새의 다양한 새수가 제직되었으나, 근년에 이르러 전승자의 고령화 및 기능 전수의 어려움, 공정의 수고로움 등의 영향으로 인해 7~9새의 생냉이 위주로 생산되고 있다. 국가 및 지방 무형문화재 전승자들은 전통 베틀을 활용한 직조기술을 전승하기 위해 힘쓰고 있다.

경북 봉화군 봉성면 봉양리 마을에서는 자택에서 삼베 생산을 이어오고 있으며, 생냉이, 무삼이 생산된다. 다른 지역과 공통적으로 생산자는 지속해서 감소하는 추세이다. 안동의 생냉이, 무삼 제직 방법과 같으며 직물 폭은 35~36㎝ 내외이다. 생냉이와 무삼은 5~6새 내외로 생산된다. 매기 과정에서 좁쌀에 메밀 껍질 또는 된장 등을 삶아서 만든 풀을

---

42 '제추리'라고도 부른다.

사용하며, 대다수 개량베틀로 제작한다. 안동과 마찬가지로 생냉이는 대부분 직물 상태에서 양잿물에 띄우고 치자 물을 들여서 사용한다.

경북 청도군 운문면 정상리에 소재한 삼베짜기 기능은 경상북도 무형문화재로 지정되었으며, 장무주 보유자는 고령의 나이에도 직물 폭 35~38㎝에 5~8새로 청도 삼베인 황지포(黃布)와 피삼을 제작하고 있다. 황지포는 안동과 봉화의 생냉이, 피삼은 무삼의 방법과 같다. 삼실을 익힐 때는 양잿물을 사용하며, 매기 과정에서 피삼은 보리를 풀로 만들어 사용하거나 쌀뜨물에 가라앉은 앙금을 모아 풀을 만들어 사용한다. 황지포에는 밀가루 풀에 소금, 산초잎 가루를 넣어 사용하며, 전통베틀로 제작한다. 황지포는 피삼에 비해 촉감이 부드럽고, 색상은 밝고 노랗다.

경남 거창군 거창읍 장팔리 '경상남도 무형문화재 거창전수관'에서는 경상남도 무형문화재 '거창삼베길쌈' 종목으로 지정된 이옥수 보유자와 전승자들이 함께 삼베를 생산하고 있다. 지자체의 적극적인 노력으로 기능 전승이 비교적 활발하게 이루어지고 있다. 삼베는 직물 폭 35~36㎝에 5~6새를 생산하고 있다. 양잿물을 사용하여 삼실을 익히고, 매기 과정에서 쌀겨, 밀가루, 콩으로 풀을 만들어 쓴다. 제직에는 전통베틀과 개량베틀이 같이 활용되고 있으며, 이옥수 보유자는 전통베틀을 사용한다.

경남 남해군 고현면 갈화리 '보물섬남해삼베마을'에서 남해 지역 삼베가 생산되며, 남해 지역 자활센터에서 폐교를 활용하여 삼베작업장으로 운영하고 있다. 지역 내 생산자들을 모집하여 삼베 생산과 판매를 관리하고 있다. 기능 전수를 희망하는 인원을 확보하고 삼베짜기를 전승하기 위해 노력하고 있다. 삼베는 직물 폭 37㎝에 대부분 5새로 생산되며, 삼실을 익힐 때 양잿물을 사용한다. 매기 과정에서 보리와 생된장을 쓰고, 개량베틀로 제작한다. 삼베 제직 이후 다시 양잿물에 띄워 후처리한다. 현재까지도 물레가락이 두 개인 쌍가락 물레를 사용하고 있다. 그 밖에 진주시 금곡면 죽곡리 '죽곡삼베마을', 고성군 영오면 오동리 '오동

마을', 울진군 근남면 구산리도 삼베 생산지로 명성이 높았으나 각 마을 모두 현재는 삼베 제직이 중단된 상태이다.

충남 당진시 고대면 슬항리 '청삼삼베마을'에서는 마을 공동으로 대마를 재배하고 있으며, 공동작업장에서 삼베를 활발히 생산하였으나 점차 개인 단위로 규모가 줄고 있다. 삼베는 직물 폭 34~35cm에 4새를 기본으로 제직하며, 삼실을 익힐 때는 양잿물을 사용한다. 매기 과정에서 밀가루를 삭힌 풀을 쓰거나 메밀을 갈아서 사용하며, 대체로 개량베틀로 제직한다.

충남 예산군 광시면 신흥리 '예산삼베길쌈마을'도 대마를 재배하고 있으며, 마을회관 및 공동작업장에서 삼베 작업을 이어 오고 있다. 삼베는 직물 폭 36cm에 3새 반~4새 반을 제직하며, 양잿물로 삼실을 익힌다. 매기 과정에서 메밀가루에 된장을 조금 섞어 만든 풀을 쓰며, 밀가루에 된장을 섞어 만든 풀을 사용하기도 한다. 개량베틀의 활용도가 높으며, 생산된 삼베는 촉감이 거칠고 날·씨실의 짜임이 성글다.

충남 홍성군 갈산면 신안리 '구성삼베마을'도 대표적인 삼베 생산 지역이었으나, 작업자의 고령화 및 경제적인 이유로 규모는 많이 축소되고 있다. 삼베는 직물 폭 35~36cm에 4새를 생산하고 있으며, 양잿물을 사용하여 삼실을 익힌다. 매기 과정에서 메밀풀을 주로 사용한다. 개량베틀로 제직한 삼베는 날·씨실 짜임이 성근 편이다.

강원 정선군 남면 유평리 마을의 경우 지자체 지역사업의 일환으로 마을 주민들과 뜻을 모아 대마 재배지를 재조성하고 마을회관을 중심으로 재래 방식의 삼굿으로 삼을 찌고, 삼베길쌈 기능을 다시 재현하고 있다. 삼실을 익일 때는 양잿물을 사용하며, 매기 과정에서 귀리로 만든 풀을 쓴다. 삼베는 직물 폭 37cm에 5새 내외로 생산되며, 전통베틀만을 사용하여 제직하고 있다. 다른 지역 삼베에 비해 촉감은 매끄럽고 뻣뻣하며 색상은 갈색에 가깝다.

강원 삼척시 하장면 갈전리와 미로면 고천리에 형성된 삼베마을도 지역 삼베로 명성이 높았으나 제직을 점차 중단하는 추세이다. 강원도 지역 삼베로 유명하였던 강릉시 강동면과 옥계면 일대는 현재 마을 규모로는 삼베 생산이 중단되었고, 일부 개인 단위로 이어 오고 있는 것으로 전해진다. 동해시 북평동 봉정마을도 2015년을 마지막으로 삼베짜기를 중단하는 상황에 놓여 있다. 강원 평창군 방림면은 2021년에 '평창 방림삼베민속'이라는 명칭으로 강원도 무형문화재로 신규 지정되었다.

전북 무주군 적상면 괴목리 '치목삼베마을'은 작업 공동체 대표를 중심으로 작업장과 생산자들을 관리하면서 마을 규모로 대마를 재배하고 삼베를 활발하게 생산하고 있으며, 2022년 전라북도 무형문화재로 신규 지정되었다. 삼베는 직물 폭 35~36㎝에 4~5새를 생산하고 있으며, 양잿물로 삼실을 익힌다. 매기 과정에서 메밀 또는 콩과 보리쌀로 만든 풀 등을 사용하며, 전통베틀과 개량베틀 모두 활용한다.

전남 곡성군 석곡면 죽산리에는 옛 국가무형문화재 지정 명칭인 '곡성의 돌실나이' 전수교육관을 중심으로 명예보유자 및 이수자들이 삼베짜기를 전승하고 있다. 삼베는 35㎝ 폭에 6~7새로 제직하고 있다. 삼실을 익힐 때 양잿물을 쓰며, 매기 과정에서 메밀로 만든 풀에 치자를 넣어 사용한다. 삼베짜기는 전통베틀만을 고수하고 있다. 전남 보성군 복내면 유정리는 마을 내에 대마를 재배하고 있으며, 마을회관과 자택 등지에서 삼베를 생산하고 있다. 대마 재배와 삼베 생산이 활발하였으나, 현재는 규모가 많이 줄고 있다. 보성 지역 삼베는 직물 폭 36㎝에 4새 2모~5새로 생산하며, 마찬가지로 양잿물을 사용하여 삼실을 익힌다. 매기 과정에서 메밀 또는 좁쌀풀에 치자를 섞어 사용하며, 전통베틀과 개량베틀로 제직한다.

전국적으로 유명하였던 순창군의 순창포의 경우 현재는 마을 규모로 생산이 이루어지지 않고 있으며, 정읍시 산내면 예덕마을과 임실군

청웅면, 남원시 대강면, 진안군 마령면 등 지방의 삼베마을은 생산자의 고령화로 인해 삼베짜기가 중단되고 있는 추세이다. 삼베짜기 생산자의 연령층은 대부분 70~80대로, 현재는 각 마을마다 한두 명이 삼베길쌈을 이어 오고 있으며 전승 단절 위기에 직면해 있다.

(2) 지역별 삼베 종류

지역마다 삼실 제작 방법, 직조 도구, 후처리 방법 등에 차이가 있으며, 이에 따라 삼베가 다양한 종류로 구분된다. 특히 속껍질에서 겉껍질을 분리하여 제거하는 방법은 크게 두 가지로 분류된다. 대마 껍질을 째고 삼은 이후에 재 또는 잿물 정련으로 겉껍질을 제거하는 방법과 째고 삼기 이전에 삼톱으로 대마의 겉껍질을 제거하는 방법이 대표적이다.

다음에서는 2000년대 초반, 각 지역에서 생산된 삼베와 직물학적 특성을 조사하여 분류하였다.[43]

지역별 삼베 종류

지역	종류	샛수	직물 폭 (cm)	실 평균너비(mm)		직물 사진 (12x12cm)	50배 확대사진
				날실	씨실		
당진	삼베	3새 반	34	0.97	1.2245		
예산	삼베	3새 반	36	1.117	0.9055		

---

43 삼베의 날·씨실 너비는 서로 다른 5곳의 위치에 삼실 너비를 측정하여 평균값으로 제시하였다.

지역	종류	새	폭	경사밀도	위사밀도	직물	확대
홍성	삼베	4새	36	0.861	1.1985		
정선	삼베	4새 반	37	0.894	0.926		
무주	삼베	4새	36	1.0205	0.842		
곡성	삼베	6새	35.5	0.681	0.8255		
보성	삼베	4새 2모	36	1.1945	0.735		
안동	생냉이	6새	34.7	0.688	0.6405		
안동	생냉이	8새	34	0.6625	0.497		
안동	생냉이	10새	34	0.3675	0.2615		
안동	생냉이	11새	34	0.2985	0.2135		

지역	종류	새수	폭				
안동	생냉이	12새	35	0.2745	0.2505		
안동	생냉이	13새	37	0.319	0.2785		
안동	생냉이	15새	37.5	0.28	0.254		
봉화	생냉이	5새 반	36	0.5435	0.555		
봉화	무삼	5새	36.5	1.02	0.9445		
청도	황포	8새	38	0.725	0.6475		
청도	피삼	5새	35	0.794	0.768		
거창	삼베	5새	34.5	0.9035	0.7425		
남해	삼베	5새	37	0.725	0.727		

(자료제공: 집필자)

경상북도 무형문화재로 지정되었던 김점호 보유자는 특히 우수한 길쌈 기능을 보유하고 있었으며 2000년대 초반 90세가 넘은 고령임에도 불구하고 직물 폭 37~38㎝에 15새인 극히 섬세한 생냉이를 제작하였다. 줄무늬 표현을 위해 선염 기법을 활용한 작업을 다수 진행하였는데 생냉이를 제작할 때도 날·씨실을 선염하여 날실 일부에 넣어 제작하거나 생냉이 바탕에 색실로 교직을 시도하였다.

1990년에 출간된『베도 숱한 베 짜고 밭도 숱한 밭 매고』에서 김점호 보유자의 생생한 구술 기록이 확인되고 있어 당시 안동 지역 삼베길쌈에 관해 참고된다. 김점호의 구술에 따르면 일반적인 생냉이 이외에도 과거 안동 지역에서는 물레생냉이와 납닥생냉이가 있었으며,[44] 날실을 만들어 가공하는 방식에서 특별한 차이가 있었음을 알 수 있다.

그 밖에 안동 지역에서는 삼실을 이용한 교직물이 다양하게 확인되는데 일반적으로 날실에 명주실, 씨실에 삼실로 교직交織한 직물을 '추포'라 하였으며, 날·씨실을 반대로 놓고 짜기도 했다. 또한, 날실은 명주실로 두고 씨실에 명주실 두 번, 삼실 두 번 번갈아 가며 줄무늬를 낸 교직물이 있었으며, 이렇게 날실에 두 가지를 쓰는 것을 당시 '반주'라 하였고 추포의 일종으로 보았다.[45] 김점호 보유자는 날실에 사용한 명주실에 이색二色으로 선염하고 일부 줄무늬로 배색한 15새 '추포'를 제작하였으며, 근년까지도 권연이 보유자가 날실에 명주실, 씨실에 삼실로 제작한 추포가 확인되었다.[46] 이 같은 추포는 삼실과 명주실이 같이 교직되기 때문에 삼실은 명주실만큼 고와야 했다.

---

44 김점호(구술)·유시주(편집),『베도 숱한 베 짜고 밭도 숱한 밭 매고』, 뿌리깊은나무, 1990, 106~107쪽.
45 김점호(구술)·유시주(편집),『베도 숱한 베 짜고 밭도 숱한 밭 매고』, 뿌리깊은나무, 1990, 112쪽.
46 경상북도 무형문화재 안동포짜기 보유자 권연이(1943~), 공공데이터 포털(https://www.data.go.kr/), 경상북도_도지정 무형문화재 현황 참조.

또한, 무명실과 무삼실을 섞어 교직하였는데 무명실 날실 위주에서 무삼실을 하나 넣거나, 무삼실 날실 위주에서 무명실 하나를 넣어 직조한 구술 기록이 함께 확인되며,[47] 실제 김점호 보유자가 날실에 무삼실 9올, 무명실 1올을 한 조로 하여 직조한 직물이 확인된다. 또한, 김점호 보유자의 유품 중 무삼 바탕에 3~4가지 색상 이상의 면실을 교직하여 날실 방향의 줄무늬를 표현하거나 동시에 씨실 방향으로 색실을 섞어서 직입하여 방격무늬(또는 체크무늬)를 표현하여 인상 깊다. 그 밖에 우복인 보유자는 무삼실 8올, 무명실 2올을 한 조로 구성하여 무명실의 흰색 부분을 조금 더 굵게 표현한 것도 있다.[48] 김점호의 구술에 따르면 당시 무명 날실 바탕에 무삼실을 일부 넣어 짜거나 씨실에 넣어 제작한 것도 확인되는데 현재는 실물로 확인되지 않고 있다. 이처럼 안동 임하면 금소리 일대에서는 다양한 삼베와 함께 삼실을 활용한 교직물 제작이 전승되고 있었으나, 현재는 점차 잊혀 가고 있다.

---

47 김점호(구술)·유시주(편집), 『베도 숱한 베 짜고 밭도 숱한 밭 매고』, 뿌리깊은나무, 1990, 113쪽.
48 경상북도 무형문화재 안동포짜기 보유자 우복인(1932~), 공공데이터 포털(https://www.data.go.kr/), 경상북도_도지정 무형문화재 현황 참조.

안동 지역 삼베를 응용한 교직물 종류

제작자	종류 (연구자 분류)	샛수	소재 날실	소재 씨실	직물사진	확대사진
권연이	추포 (사마교직)	13새	견	대마		
김점호	추포 (사마교직)	14새	견	대마		
김점호	추포 (사마교직)	15새	견	대마		
우복인	무삼 (마면교직)	5새	대마, 면	대마		
김점호	무삼 (마면교직)	5새	대마, 면	대마		
김점호	무삼 (마면교직)	5새	대마, 면	대마, 면		
김점호	생냉이 (마면교직)	8새	대마, 면	대마		

(자료제공: 집필자)

(3) 지정 보호 현황

삼베짜기 지정문화재로 국가무형문화재 종목 1개, 지방무형문화재 종목 5개가 지정되어 보호받고 있다. 삼베짜기 지정 종목 역시 현재까지 전승되고 있는 전통 직물 중에서는 전국적인 분포 양상을 띠며 길쌈 관련 무형문화재 중 가장 많은 수가 지정되어 있다. 이는 오랫동안 삼베가 우리 민족의 의생활 및 상례 문화에 끼친 영향력이 크게 작용한 것으로 보인다.

삼베짜기 무형문화재 지정 현황

종목	명칭	소재지	종목 지정일	보유자
국가무형문화재	삼베짜기	전남 곡성군 석곡면	1970.7.22	김점순
		경북 안동시 임하면	2019.12.31	안동포짜기마을 보존회
경상북도 무형문화재	안동포짜기	경북 안동시 임하면	1975.12.30	배분령 박봉금 김점호 우복인 권연이
경상북도 무형문화재	청도삼베짜기	경북 청도군 운문면	1995.6.30	장무주
경상남도 무형문화재	거창삼베길쌈	경남 거창군 거창읍	2013.1.3	이옥수
강원도 무형문화재	평창 방림삼베민속	강원 평창군 방림면	2021.10.15	평창방림삼베 민속보존회
전라북도 무형문화재	삼베짜기	전북 무주군 적상면	2022.8.19	치목삼베 영농조합법인

국가무형문화재 종목에는 곡성군 석곡면 지역의 삼베짜기를 말하는 곡성의 돌실나이가 1970년 7월 22일 지정되었으며, 김점순(1918~2008)이 보유자로 인정되었다. 이후 2008년 김점순 보유자가 90세의 나이로 별세하자 보유자 후속 인정 없이 오늘에 이르고 있다. 이러한 상황에서 문화재청은 2019년 12월 31일 '삼베짜기'를 국가무형문화재로 신규 지정하고 현재 경북 안동시 임하면 금소리에 소재한 '안동포짜기마을보존회'를 보유단체로 인정하였다. 길쌈 종목이 개인이 아닌 마을 사람들의 협업을 통해 생산되고 후대로 전승되는 집단적 기술임을 인정받아 특정 보유자가 아닌 단체가 인정되었다. 기존에 지정된 곡성의 돌실나이 종목은 삼베짜기에 통합되었다.

'곡성의 돌실나이'의 경우 김점순 보유자 작고 후 석곡면 죽산리에 양남숙 명예보유자와 조선자 이수자, 조순자 이수자가 농포(4~5새), 중포(6~7새), 세포(9~12새) 등을 생산하면서 전통을 이어 나가고 있으나[49] 전승의 어려움이 크다고 전한다. 지역의 고령화는 젊은 세대로의 삼베짜기 기능 전승에 고충을 가중했으며, 생산자들의 작고로 생산자가 감소했다.

안동의 삼베짜기는 2019년 국가무형문화재 지정 이전에 1975년 경상북도 문형문화재 안동포짜기 종목이 지정되어 왔다. 안동포짜기로 배분령 보유자가 1975년 12월 30일 인정된 이후로 박봉금(2004.2.27. 인정), 김점호(2004.2.27. 인정), 우복인(2006.5.18. 인정), 권연이(2018.10.18. 인정) 보유자가 있다. 보유자들이 소재한 마을 지역은 별칭이 '안동포마을'이라고 붙여질 정도로 삼베짜기에 관한 명성이 높은 곳이다. 근년까지도 다른 지역에 비해 삼베 생산과 기능 전승이 활발하게 이루어졌다.

경상북도 무형문화재 '청도삼베짜기'로 장무주 보유자가 인정되어 있으나, 고령으로 제직의 어려움을 겪고 있다. 문화재 지정 당시 청도군

---

49 서해숙·이옥희, 『곡성의 돌실나이-국가무형문화재 제140호 삼베짜기』, 민속원, 2020, 20쪽.

운문면 정상리 일대에 대규모 삼밭을 조성하여 마을 부녀자들이 삼베를 많이 제직하였으나, 현재 청도삼베짜기 전승을 희망하는 사람은 부재한 상황이다.

경상남도 무형문화재 '거창삼베길쌈'에 이옥수 보유자는 개인 자택과 거창읍 장팔리에 위치한 경상남도 무형문화재 거창전수관에서 10명 내외 전승자들과 함께 삼베를 생산하고 있다. 지자체에서 전수관을 운영하며 기능 보존과 전승에 힘쓰고 있다. 강원도 무형문화재 '평창방림삼베민속'은 방림삼베민속보존회에 소속된 보존회 회원들이 평창군 방림면 방림리와 계촌리 일대에 공동 작업 및 전승활동을 이어오고 있다. 전라북도 무형문화재 '삼베짜기'는 치목삼베영농조합법인이 단체 지정으로 마을에 소재한 공동작업장을 운영하며, 공정별로 분업화하여 전통을 전승하고 있다.

국가무형문화재로 지정된 안동의 삼베짜기는 여러 삼베가 전승되고 있으며, 삼베짜기 기능을 보유한 생산자의 지층이 넓고, 월등한 기량을 유지하고 있는 지역으로 손꼽힌다. 안동의 삼베짜기는 대마 재배에서부터 실 만들기, 직조에 이르기까지 전 과정이 마을 거점으로 이루어지고, 같은 지역에서 기능 전승이 단절되지 않고 현재까지 꾸준히 이어져 무형문화재로서 역사적 의의와 보존 가치가 높다고 볼 수 있다.

II

삼의 재배와 삼 찌기

삼의 재배와 삼 찌기

1. 삼의 재배와 수확

1) 재배

삼은 4월 초순경 음력 2월 그믐께나 3월 초순에 파종한다. 예전에는 한식寒食을 기준으로 심고, 초복初伏 전후해서 수확하니 석 달 열흘을 채운다고 했지만, 현재는 하지夏至만 지나면 수확하게 되어 삼의 재배 기간이 줄어들었다. 삼 농사는 잡초가 자라기 전인 초봄에 파종하고 조밀하게 키우기 때문에 제초를 위한 김매기가 필요 없어 농사짓기가 수월하다.

삼씨는 쭉정이가 없는 게 좋은 씨앗으로, 심기 전 집에서 손으로 문대서 껍질을 벗겨서 심는다. 종자용 삼을 재배해서 씨를 직접 받아서 쓰는 경우도 있지만 삼 년 이상 지나면 자라는 삼 상태가 점차 나빠진다고 한다. 길쌈용 삼은 남부지방에서, 종자용 삼은 온대의 북부지역에서 주로 재배하는 이유와 관련된다.[50] 한 마지기의 땅에 삼씨를 뿌리는 데 약 10kg의 씨앗이 든다.

삼을 심기 위해 우선 거름을 주고 흙을 갈아 부드럽게 만든다. 삼의 파종은 바람이 불지 않는 날에 하는 것이 좋다. 밭의 고랑을 일정한 깊이와 간격으로 준비하고 손으로 씨앗을 고르게 뿌린 후 발로 흙을 훑으며 얇게 덮는다. 이때 씨를 고르게 뿌려야 삼이 잘 자란다.

---

[50] 임형진, 「안동포 길쌈체계의 우수성」, 『경상북도 무형문화재 제1호 안동포짜기 안동포짜기의 전승과 미래자원화』, 안동시, 2019, 94쪽.

삼씨

파종

파종 1달 후   파종 3달 후

파종 후 20여 일이 지나면 순이 한 뼘 정도 올라온다. 파종 후 약 3개월이 지나 대마가 약 160~180㎝가량이 자라면 수확한다.

2) 수확

대마는 7월 초순에 수확한다. 삼을 수확하는 일은 인력이 많이 필요하여 마을 사람들이 공동으로 진행한다. 이때가 되면 삼의 키는 약 160~180㎝ 정도로 자란다. 길쌈용으로 수확하는 삼은 줄기에 흠집이 나면 안 되기 때문에 기계를 사용할 수 없다. 사람이 직접 낫을 이용하여 밑동을 단번에 자른다. 이 과정을 '그린다'고 한다.[51] 베어낸 삼은 밑동을 가지런하게 놓고 한 단씩 만들어 묶는다. 이때 '수삼'과 '허브래기'로 구분한다. 수삼은 삼대가 곧고 길며 굵기도 적당한 좋은 삼이며, 허브래기는 수삼을 제외한 상태가 좋지 않은 삼을 일컫는다. 병충해로 줄기에 구멍이 뚫리고 키가 작은 모기다리나 줄기가 너무 억센 것, 대가 부러진 것 등으로 작업 과정에서 삼단을 묶는 끈 용도로 사용한다.

---

[51] 삼 베는 것을 '그린다'로 표기한 기록도 확인된다.(임형진, 「안동포 길쌈체계의 우수성」, 『경상북도 무형문화재 제1호 안동포짜기 안동포짜기의 전승과 미래자원화』, 안동시, 2019, 94쪽.)

밑동을 낫으로 그리기

삼 줄기에 붙은 잎은 대나무나 나무막대를 칼 형태로 만든 '삼칼'로 쳐내거나 탈곡기로 털어낸다. 잎을 털어낸 삼은 생냉이와 무삼용으로 구분하여 단으로 만든다.

삼칼로 잎을 쳐내는 모습

삼칼

수확한 삼

탈곡기로 잎을 털어내는 모습

삼대 수확 전경

수확하면서 잎을 털어낸 삼을 삼단으로 묶어 세워 둔 모습

삼단을 트럭에 가지런히 실어 삼굿장으로 이동한 모습

2. 삼 찌기

삼은 길쌈에 필요한 인피섬유를 추출하기 위해 별도의 가공이 필요하다. 수확한 삼의 껍질은 펙틴질과 리그닌에 의해 견고하게 붙어 있어 쉽게 분리가 되지 않는다. 이러한 소재적 특징으로 인해 한국에서는 오래전부터 다양한 유형으로 삼 가공기술이 발달해 왔다. 삼을 연못 또는 '구지漚池'라는 물웅덩이에 오랫동안 침수시키거나, 삼을 자연 건조한 다음 도리깨질 등의 물리적 가공으로 섬유를 추출하는 방법이 기록으로 확인된다. 1911년 『조선산업지』에는 안동 지역에서 대마를 물에 담가 껍질을 벗겨내는 침수법에 관한 내용이 소개되며,[52] 구술 기록을 통해서도 확인된다.[53] 오늘날 전승되고 있는 가공법으로는 삼굿이라 하여 수확한 삼을 증기로 쪄내는 방법이 전하며, 전통적으로는 달군 돌에 물을 붓고 삼이 쌓인 삼단으로 증기를 보내 찌는 방법과 가마솥에 삼을 세워 두고 증기로 찌는 방법 등이 있었다. 안동에서도 두 가지 방식 모두 존재하였음을 알 수 있으며, 근래에는 설비 장치로 개발된 증숙蒸熟시설을 활용하고 있다. 이를 오늘날에도 '삼굿'이라 부른다.

1) 과거의 삼굿

(1) 근대 이전

돌을 이용한 방식의 삼굿은 전국적으로 이루어져 왔다. 지역별 삼굿의

---

52 야마구치 세이[山口 精], 『조선산업지 중(中)』, 보문관(寶文館), 1911, 387~388쪽.
53 배영동은 "오늘날 안동에서 삼베길쌈을 하고 있는 할머니들도 젊은 시절에는 '삼굿'을 하지 않고 침수법에 의하여 대마의 마피를 얻기도 하였다는 경험담을 통해 볼 때, 침수법에 의한 삼베길쌈이 일제강점기에 제법 남아 있었음을 알 수 있다."라고 하였다.(배영동, 「안동포의 전통의 형성과 변화」, 『안동 삼베 연구, 안동대학교박물관 총서 21』, 안동대학교박물관출판부, 2002, 45쪽.)

형태 및 구조는 일부 차이가 있으나 공통적으로 불에 달군 돌에 물을 부어 뜨거운 증기를 만들어 내고 이를 이용해 삼을 찌는 방식이다. 이는 삼의 껍질과 속대를 분리하기 위한 일반적인 가공 방식으로 사용되었다. 국내에서는 보편적인 방법으로 활용되었으나 국외에서는 유사 사례가 확인되지 않는다. 이러한 삼굿은 증석법蒸石法이라 하였으며, 많은 인력과 시간이 투입되는 노동집약적인 공정으로 현재는 사용되지 않는다.

2012년에는 안동 금소리에서 돌을 이용한 삼굿을 재현하는 시연을 진행하였다. 두 개의 구덩이를 나란히 붙여서 판 후 한쪽에 장작을 놓고 그 위에 돌을 쌓고 다른 쪽에는 삼단을 쌓아 자갈과 흙, 거적 등으로 덮는다. 장작에 불을 붙여 돌이 달궈지면 돌 위를 흙으로 덮고 물을 부어 돌에서 나오는 증기로 삼을 찐다. 이때 수증기가 올라오는 구멍들을 막으며 삼이 잘 익기를 기다린다. 삼 찌기가 완료되면 삼단 위에 덮어 두었던 자갈과 흙, 거적 등을 치우고, 삼단을 거두어들인다. 안동 지역에서는 일찍이 삼굿 시설을 개량하여, 현재 돌을 이용한 전통 삼굿은 쉽게 보기 어렵다.[54]

장작 위로 돌무더기를
쌓는 모습
(자료제공: 집필자)

---

54 최근에는 정선 유평리 마을과 평창방림삼베민속에서 돌을 이용한 삼굿 재현 행사를 진행하고 있다.

장작을 놓고 돌무더기로 싼 후 불을 붙이는 모습

구덩이를 파고 장작불에 돌을 달구는 모습

(자료제공: 집필자)

달군 돌과 삼단을 쌓을 자리에 세운 나무판(자료제공: 집필자)

1. 삼단 쌓을 자리 완성

2. 한 방향으로 삼단 쌓기

3. 지면과 같은 높이로 삼단 쌓기

4. 삼단 위에 거적을 덮고 나무판을 올리는 모습

5. 나무판 위에 짚을 덮어 공간을 메우는 모습

6. 흙을 덮고 달군 돌에 물을 부어 증기로 삼 찌기

(자료제공: 집필자)

솥에 삼을 쪄내는 방식은 '부증釜蒸'이라 하여 조선시대부터 문헌 기록을 통해 확인된다. 이 같은 방식은 돌을 직접 불에 달궈 증기를 만들어 낸 삼굿에 비해 비교적 규모가 간소화된 것으로 가마솥에 삼단을 수직으로 세워 놓고 비닐 등을 덮어 찌는 방식이 전국적으로 확인된다. 이는 소규모의 인력으로도 삼 찌기가 가능하여 널리 활용된 방법이었다. 정선 유평리 및 삼척 지역 일대를 비롯하여 곡성 죽산리와 안동 금소리에서도 이루어진 것으로 전한다.

경북 안동 가마솥 삼 찌기
(자료제공: 집필자)

(2) 근대

근대기에는 대형의 전용 솥 또는 통을 제작해 증기를 만들어 삼을 찌는 방식으로 개량되었다. 20세기 이후에는 지역별로 더욱 개량된 삼굿이 개발되어 삼을 찌는 과정에 효율을 높였다.

안동에서도 근대식 삼굿이 확인되는데 철제 판으로 삼단을 놓을 수 있는 방형의 공간을 조성하였다.[55] 하단에 양옆으로 아궁이를 두고 땔감으로 불을 지피고 물을 끓여 증기를 만들 수 있는 구조이다. 삼단을 적재하고 삼 찌기할 때는 넓은 비닐로 덮어서 증기가 빠져나가지 않도록 하였으며, 아궁이는 양쪽에서 동시에 불을 땔 수 있도록 제작하여 강한 화력으로 물을 끓여 증기를 만들었다.

---

55 배영동, 「금소마을 안동포 길쌈과 삼베옷의 위상」, 『경상북도 무형문화재 제1호 안동포짜기 안동포짜기의 전승과 미래자원화』, 안동시, 2019, 51쪽. 배영동은 안동 지역에서 사각통 모양의 철제 솥이 1970년대부터 사용된 것으로 기술하였다.

안동의 근대식 삼굿 시설 (측면)
(자료제공: 집필자)

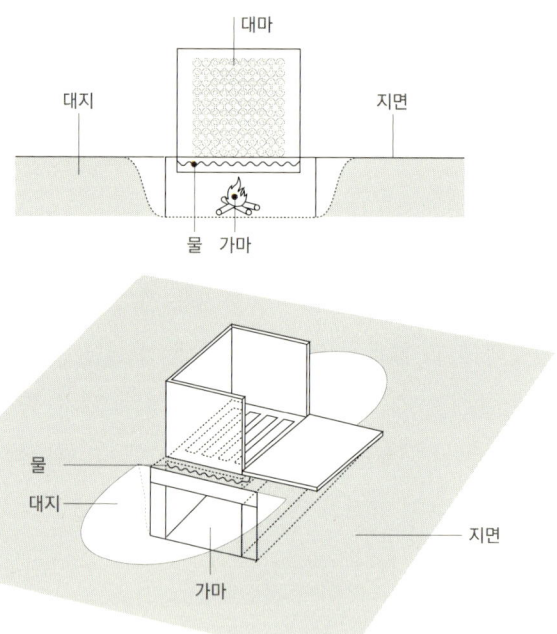

안동의 근대식 삼굿 시설

70   삼베짜기

안동 지역 이외에도 대형 솥을 제작하고, 불로 물을 끓여 증기를 만드는 개량 삼굿이 무주·삼척 등에서 확인된다. 무주 지역 또한 물을 끓일 수 있는 철제 통을 제작하고 하단에는 땔감으로 불을 지펴 증기로 삼 찌기를 하며, 이와 같은 방법은 현재까지 활용되고 있다. 삼척에서는 '삼가마'라 하여 시멘트로 틀을 만들고 아궁이에 기름(경유) 버너로 불을 지펴 증기로 삼을 찌는 방식으로 변화하였다.[56] 각 지역에서 공통적으로 증기의 손실을 줄이기 위해 삼단을 비닐로 덮는 방법이 사용되었다.

무주의 삼 찌기 시설
(자료제공: 집필자)

2) 오늘날의 삼굿

안동 지역에서는 일찍이 기계식 보일러를 이용해 삼을 찌는 시설을 개발하여 사용하였다. 삼을 찌는 증기를 만들기 위해 땔감으로 불을 지피고 물을 끓여 증기를 만드는 방식은 1990년경부터 점차 기름보일러를 사용하여 증기를 만드는 방법으로 변화되어, 이전보다 노동력이 절감되고 편리성이 높아졌다. 철제 틀을 제작하여 삼단을 놓고, 이를 기중기

---

56 이한길, 『삼척의 삼베문화』, 민속원, 2010, 58~61쪽.

로 이동시켜 매립된 삼굿 시설에 넣고 삼을 찐다. 안동에 비하면 작은 규모이나 홍성에서도 기계식 보일러를 이용하여 삼 찌기를 하였으며, 당진에서는 수확한 삼단 전체를 비닐로 덮고 이동식 보일러 장치를 활용하여 증기로 삼을 찌는 방법이 적용되었다.

안동의 기계식 보일러를 이용한 삼굿 시설
(1990년대)

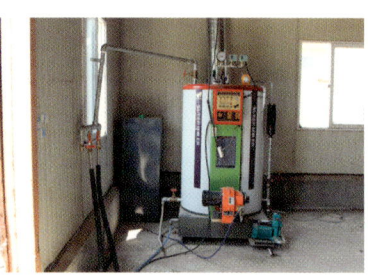

찐 삼을 기중기로 운반

홍성의 삼 찌기 시설

(자료제공: 집필자)

현재 안동 금소리에서는 마을 공동의 삼굿장을 새롭게 만들어 운용하고 있다. 삼단을 세워 놓을 수 있는 큰 방을 만들고 보일러 시설로 증기를 만들어서 삼을 찌고 있다. 증기로 삼을 쪄내는 원리는 그대로 고수하면서 현대적으로 발전된 기계 장치와 설비를 갖추면서 발달하였다.

오늘날에도 수확한 삼은 단으로 묶은 다음 삼 찌기 과정을 위해 삼굿장으로 옮긴다. 삼굿장 안에 삼단을 수직으로 세워 넣고 보일러를 가동하면 삼굿장 아래에서 증기가 올라오면서 삼이 쪄지는 구조이다. 삼굿장에 삼을 둘 때는 과거 가마솥에 삼 찌기를 할 때와 같이 삼을 세워 두고 삼 찌기를 한다.

오늘날 안동의 삼굿 시설

삼굿장에 넣은 삼단

삼굿장에는 고온의 증기를 만들기 위해서 보일러를 3시간 동안 가동하며, 이후 2시간 동안 뜸을 들여 총 5시간에 걸쳐 작업한다.

삼굿장 바닥에서 증기가 나와 삼단을 찌는 모습

삼굿이 완료되면 예전에는 강변의 자갈밭에 널어 말렸으나 현재는 삼굿장 옆에 설치한 건조실로 옮겨서 삼을 말린다. 개인의 경우 1~2단은 바로 삼 껍질을 벗기기도 하는데, 대부분은 오래 보관하며 사용하기 위해 건조실에서 말린다. 건조실로 옮긴 삼단은 건조가 잘 되도록 위아래로 묶어 둔 끈을 풀어 주고 약 36시간 이상 건조시킨다.

건조를 마친 삼단은 다시 햇볕에 널며 삼줄기에 붙어 있는 남은 잎을 정리한다. 햇볕에서 잘 말려야 삼이 더욱 질겨지고 고운 색의 삼을 얻을 수 있으며, 붙어 있는 잎을 정리하지 않으면 그 부분이 먼저 무를 수 있어 주의해야 한다. 일련의 과정이 끝나면 다시 단으로 묶어 보관한다.

삼굿장에서 다 쪄진 삼단

건조장에서 1차 건조

건조장에서 삼을 꺼내 다시 삼단으로 정리하는 모습

2차 건조하며 붙어 있는 잎 제거하기

건조 전경

3. 삼 껍질 벗기기

건조된 삼의 껍질을 벗기기 위해 먼저 물에 담가 불린다. 과거에는 마을을 가로질러 흐르는 수로에 담가 삼을 불렸으나, 현재는 장방형의 스테인리스 수조를 만들어 물을 채우고 삼을 담근다. 이때 삼이 모두 물에 잠길 수 있도록 쇠 봉으로 삼을 눌러 고정한다. 햇삼은 하루 정도 불리고 묵은 삼은 2~3일 정도 불린 후 작업한다.

쇠 봉으로 누른 삼

수조에 건조된 삼 담그기

삼 껍질 벗기기 전경

잘 불린 삼은 뿌리 쪽부터 재릅(속대)과 껍질을 분리하기 시작하는데, 작업자 앞에는 불린 삼을 가로로 펼쳐 두고 작업한다. 통상 삼의 머리(뿌리)는 왼손 방향, 삼의 꼬리는 오른손 방향으로 위치시킨다. 삼 껍질 벗기기는 원통형의 재릅에 붙어 있는 껍질을 장방형으로 납작하게 벗겨내는 과정으로, 길쌈에는 껍질 부분 중 속껍질을 사용한다. 오른손으로 삼대를 잡아 지지하고 왼손으로는 껍질을 벗겨내기 시작한다. 삼 줄기의 가장자리 끝부분부터 삼 껍질을 벗기면 여러 가닥으로 나뉘면서 갈라지기 때문에 이후 공정 과정에서 어려움이 따른다. 이를 방지하기 위해 삼대의 머리 방향 끝에서 약 5~7㎝ 내려온 지점부터 삼 껍질을 벗기기 시작한다. 왼손 엄지와 검지로 삼대 둘레를 집어 아래로 밀어내듯이 겉껍질을 처음 벗겨내고, 이후 삼대의 꼬리 방향으로 벗겨지기 시작한 껍질은 오른손으로 다시 옮겨 잡고서 마저 훑어낸다.

엄지와 검지로 껍질 벗기기

속대와 껍질 사이에 검지를 넣고 훑어 벗기기

왼손 손가락 사이사이에 걸어 삼베 종류에 따라 삼 껍질을 구분하는 모습

 삼대의 꼬리 방향으로 삼 껍질을 벗겨낼 때는 왼손으로 벗겨낸 껍질의 머리 부분을 잡아 지탱하고, 오른손의 검지는 재릅과 껍질 사이에 위치하여 서로를 분리하면서 훑어낸다. 왼손에 쥔 삼 껍질의 머리는 한 줌이 완성될 때까지 작업 중간에 놓지 않는다. 삼대가 길어서 한 번에 작업하기 어려우므로 절반 정도 훑은 후에는 왼손으로 벗겨지고 있는 삼 껍질과 재릅을 임시로 옮겨 잡아 지지하고, 오른손은 껍질이 꺾이지 않도록 조심하며 재릅에 붙어 있는 나머지 껍질을 마저 벗겨낸다. 재릅에 붙은 삼 껍질을 순서대로 벗기면서 왼손으로는 분리된 삼 껍질의 머리 부분을 가지런히 손에 움켜쥐면서 머리와 꼬리가 섞이지 않도록 정리한다.

삼대가 작은 것들은 2~3개를 한 번에 잡고 작업한다. 작업 과정 중 삼대 꼬리 방향으로 가지가 갈라지거나 곁가지가 많이 난 것, 대가 굵은 것, 질긴 것들은 무삼용으로 따로 왼손 검지와 중지 사이에 빼놓는다.

한 줌을 벗기면 무삼용은 빼놓고 머리 쪽에 쥔 부분을 한 번 털어 준 후 가지런하게 묶는다. 분리한 껍질은 물에 씻어 이물질을 제거하고 고르게 묶어 말려 둔다.

벗긴 삼 껍질 헹구기

고르게 정리한 삼 껍질

속대와 분리한 삼 껍질 널어 말리기

껍질을 벗긴 속대를 불쏘시개로 쓰기 위해 말리는 모습

(자료 제공: 집필자)

III

삼실 만들기

삼실 만들기

속대에서 분리한 삼 껍질을 실로 만드는 과정은 매우 복잡하며 여러 도구가 필요하다. 전국의 삼베 생산지에서 삼베를 만드는데 보편적으로 이루어지고 있는 방법은 속껍질과 겉껍질이 붙어 있는 상태에서 실을 만들고 이후에 잿물로 정련하여 겉껍질을 제거하는 것이다. 안동 지역에서는 무삼의 제사製絲 방법이 이에 속한다. 안동에서는 무삼 이외에도 생냉이, 익냉이라는 특별한 삼베가 생산되며 실을 만드는 작업 과정에서 큰 차이가 있다. 속대에서 껍질을 벗기는 과정에서 생냉이용과 무삼용을 우선 구분하며, 껍질을 벗기면서 다시 최종적으로 생냉이용, 익냉이용, 무삼용으로 나눈다. 생냉이용 실은 가늘고 고운 삼을 모아 작업하고, 삼톱으로 겉껍질이 잘 훑어지지 않고 억센 것들은 익냉이용 실로 사용한다. 현재 익냉이용 삼 껍질은 2~3년 정도 모아야 한 필 작업할 분량이 나온다고 한다. 무삼은 삼대가 굵고 질기며, 티가 있는 것들을 모아서 실을 만든다.

생냉이의 삼실은 겉껍질을 미리 제거한 다음에 속껍질로만 째고 삼아 만드는데, 이는 현재 충남 한산 지역에서 전승되고 있는 모시실 제작 기법과 유사하다. 이 같은 삼실 제작법은 안동을 비롯한 봉화, 청도 지역에서 전승되고 있는 제작법이며, 그중 안동에서 가장 정세한 삼실이 만들어져 삼베로 짜여졌다. 익냉이는 안동 지역에서만 전승이 확인되는데 익냉이에 사용되는 것은 생냉이와 같이 삼 껍질에서 겉껍질을 물리적인 방법으로 제거하였으나 남은 속껍질이 부드럽지 않고 뻣뻣한 상태인 것으로 째고 삼아 잿물로 정련하여 만들어진다.

삼 껍질 구분

1. 생냉이실 만들기

1) 겉껍질 훑기와 계추리 바래기

겉껍질을 훑는 과정에서는 삼톱과 삼톱판을 사용한다. 삼톱은 둥근 나무막대에 'ㄷ'자형 쇠를 단 형태와 네모난 쇠를 나무막대에 고정한 형태가 있다. 삼톱판은 직사각형의 나무토막을 사용한다.

삼톱과 삼톱판

본격적인 겉껍질 훑기 작업을 위해 재릅과 분리해 낸 삼 껍질을 물에 충분히 불리는 준비 과정이 필수적이다. 삼 껍질이 물에 충분히 불면 연속되는 작업 동선의 효율을 위해 삼톱판 위에 삼 껍질의 머리를 위치시켜 올려 둔다.

   삼 껍질의 겉·안은 육안 관찰 또는 촉감으로도 쉽게 구별되는데 겉은 거친 겉껍질 부분이고, 안은 매끈한 속껍질 부분이다. 삼톱과 삼톱판을 이용해 삼 껍질에서 속껍질만을 남기고 겉껍질을 훑어 벗겨내는데 삼톱판에는 속껍질이 마주 닿도록 놓고 겉으로 겉껍질이 보이도록 둔다.

삼 껍질을 물에 담가 불리는 모습

물에 불린 삼 껍질

겉껍질 벗기기 작업 모습

왼손으로는 삼 껍질의 머리 끝부분을 잡고 삼톱판 위에 삼 껍질을 올려 두면서 오른손으로는 삼 껍질의 뿌리(머리) 쪽 부분 첫 마디 지점을 삼톱으로 눌러 밀착시킨다. 이후 톱날 방향을 안쪽에서 바깥쪽으로 세우고, 일정하게 힘을 주며 삼 껍질의 꼬리 방향으로 겉껍질을 훑어낸다. 삼톱을 고정 위치에 두고 왼손으로 삼 껍질의 머리 부분을 잡아당기면서 겉껍질을 벗겨낸다. 삼 껍질의 꼬리 방향으로 ⅔가량 훑은 후에는 왼손에 쥐고 있던 삼 껍질의 머리가 바깥쪽을 향하도록 삼톱판 위에 올려 두고 남은 겉껍질을 제거한다. 겉껍질을 벗겨낸 삼 머리는 작업자의 옆에 머리 방향을 맞춰 가지런히 놓는다. 삼 껍질의 꼬리 방향으로 겉껍질의 ⅓ 남겨진 부분을 마저 벗겨낸다. 이는 왼손에 쥐고 있던 삼 껍질 머리 부분을 훑을 때 동시에 진행되기도 한다. 훑는 과정에서 속껍질의 부드러운 정도에 따라서 머리를 구분한다.

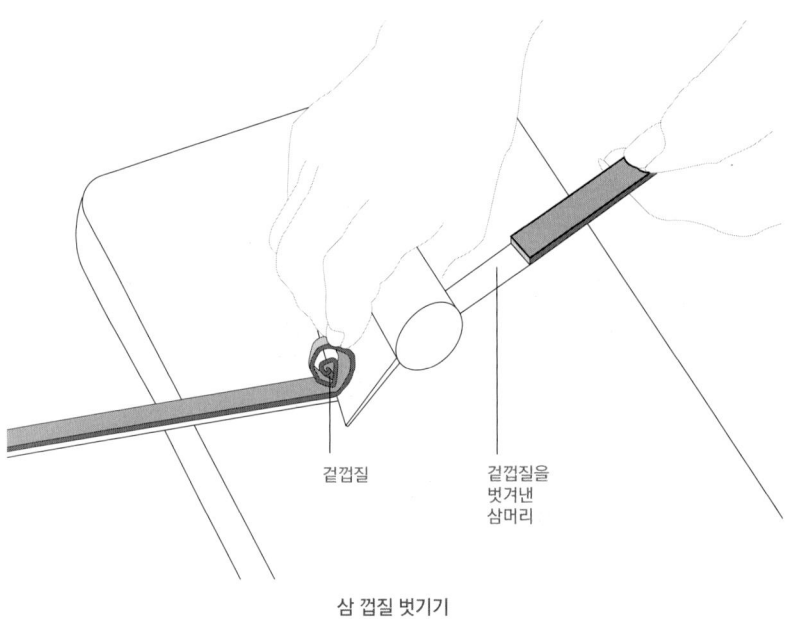

삼 껍질 벗기기

뿌리 쪽 첫 마디를 찾아 삼톱으로 찍어 훑기

삼톱의 날 방향을 바깥쪽으로 세우고 삼톱판에 밀착시켜 겉껍질을 훑는 모습

속껍질의 머리 부분을 접어서 상태를 표시한 모습

　생냉이용 실로 삼째기가 가능한 부드러운 속껍질이 일정량 모이면 머리 부분을 삼째기가 불가능한 짧은 속껍질로 둘러서 감아 묶어 고정한다. 속껍질의 상태가 뻣뻣한 익냉이용은 머리 부분을 접어 표시한 뒤 짧은 속껍질로 감아 고정한다. 머리 쪽을 묶어 정리한 속껍질들은 실내에서 1차 건조하여 안정화한 후 실외에서 2차로 말려 준다. 곧바로 실외 건조하면 삼이 거칠어지고 말릴 염려가 있다. 실외에서는 일주일가량을 건조하며 햇볕, 바람, 이슬을 맞게 한다. 이렇게 삼을 널어 두면 삼은 붉은빛을 띤다. 안동 지역에서는 널어 말린 삼은 '계추리'라 하고 건조 과정은 '계추리 바래기'라고 한다. 계추리를 만드는 공정은 안동 지역에서 전승되고 있는 생냉이 길쌈의 특징이다. 근년까지도 여름철 마을 곳곳에서 계추리 바래기 작업이 이루어지는 경관을 자랑하였다.

1차 실내 건조

2차 실외 건조(계추리 바래기)

2) 삼째기

삼을 째는 과정에서는 등지와 삼톱, 삼톱판, 성근 빗, 참빗을 사용한다. 등지는 둥근 밑동에 원기둥이 꽂혀 있는 형태로 삼을 쨀 때 작업 동선의 효율을 위해서 오른쪽 무릎 앞에 두고 사용하는데 길이가 긴 삼을 걸어서 작업할 수 있는 보조 도구이다. 성근 빗은 삼째기를 마친 삼의 머리를 1차로 분리하고 정리할 때 사용하며, 삼톱과 삼톱판은 1차 정리한 삼의 머리를 더욱 가늘게 훑을 때 사용한다. 참빗은 최종 삼 머리를 정리할 때 사용한다.

등지

참빗, 성근 빗, 삼톱, 삼톱판

삼째기를 위해 겉껍질을 훑어 햇볕에 말린 삼을 물에 불려 쨀 준비를 한다. 물에 불린 삼이 쉽게 마르지 않도록 삼 머리를 중심으로 일정 가닥씩을 나누어 둥글게 돌돌 말아 감고 삼을 쨀 때마다 하나씩 풀어서 작업한다. 삼을 째기 위해 둥글게 말아 감은 것을 안동에서는 '삼가리' 또는 '삼가래'라고 한다.[57] 처음 감기 시작할 때에는 삼 머리 전체를 비틀어 꼬면서 단단하게 고정시킨다. 엄지가 들어갈 수 있는 구멍을 만들며 삼을 소분하면서 사방으로 돌려 감아 헝클어지지 않도록 한다.

---

57 '가리' 또는 '가래'라고도 부른다.

왼손에 삼가리를 쥔 모습

둥글게 감긴 삼가리

삼째기 과정 전경

등지에 삼을 걸어 째는 모습

Ⅲ_삼실 만들기

둥글게 감은 삼을 왼손 엄지와 검지에 쥐고 오른손으로 쨴다. 맨 처음 삼가닥을 하나 풀어내고 삼 머리에 가까운 지점에서부터 납작한 부분을 찾아서 오른손 엄지손톱으로 갈라서 쨴다. 엄지손톱으로 찢어 공간을 만든 다음 같은 손 검지로 벌려 쨴다. 엄지와 검지로 처음 쨴 공간을 벌려 나갈 때는 두 가지 방법이 확인되는데 엄지손톱으로 만들어 낸 틈에 검지가 한 차례 들어가서 같은 공간에서 엄지와 검지의 방향이 엇갈려 들어간 경우(I), 또는 검지가 같은 공간에서 한 차례 더 자리를 옮겨 반대쪽으로 들어간 것으로 마지막에는 엄지가 들어간 방향으로 검지도 같은 방향으로 들어간 경우(II)이다.

오른손 엄지손톱으로 삼을 째면서 공간을 만든다.

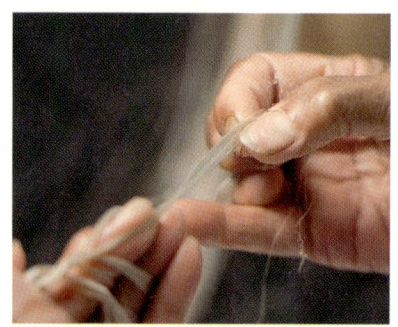

1. 엄지손톱으로 삼가닥 쪼개기

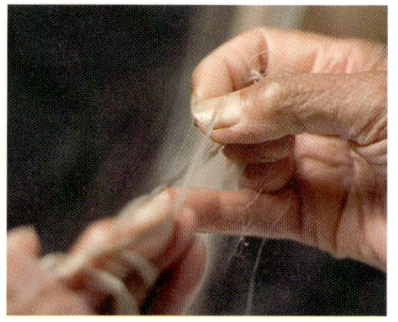

2. 짼 틈으로 엄지가 들어간 모습

3. 벌려진 공간에 검지 넣기

4. 검지가 짼 틈으로 들어간 모습

삼째기 시작 방법 I

엄지로 짼 공간에 엄지와 검지의 방향이 서로 엇갈려 들어간 경우

삼째기 시작 방법 II

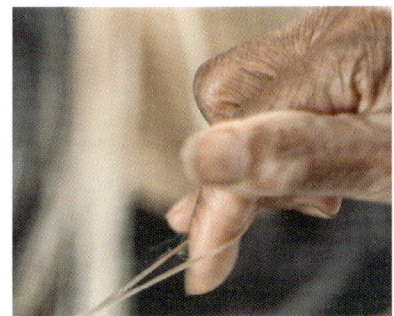 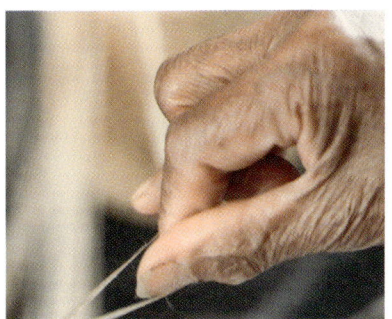

엄지로 짼 공간에 엄지와 검지의 방향이 같은 방향으로 들어간 경우

　엄지와 검지로 만들어 낸 사이 틈을 따라 삼의 머리 방향으로도 최대한 벌려 째고, 삼의 꼬리 방향으로는 끝까지 손가락으로 틈을 벌려 가며 째서 한 가닥을 최종 두 가닥으로 만든다. 삼실은 보통 작업자가 손을 뻗어 한 번에 째기를 하기 어려운 긴 길이로 오른쪽 무릎 앞에 놓인 둥지를 활용하여 째고 있는 삼을 걸어서 작업 가능한 동선을 확보한다. 삼째기 과정에서 실의 굵고 가늘기를 결정하며 실의 품질과 삼베의 정세도가 결정된다. 같은 품질의 삼이라 해도 작업자의 숙련도와 솜씨에 따라 만들어지는 실의 가늘기와 균일함에 차이가 크다.

삼째기한 7새 삼올(좌), 9새 삼올(우)

7새 삼올(좌), 9새 삼올(우)

   둥글게 둘러 감은 삼가리를 샛수에 맞춰 모두 째고 나면 묶여 있던 삼 머리 부분을 풀어내고 아래쪽 쪼개진 부분의 삼을 왼손 검지에 둘러서 튼튼하게 감는다. 삼 머리가 서로 묶여 있어서 쪼개어지지 않은 부분은 빗살이 성글고 단단한 빗을 이용해 삼 머리를 여러번 빗질하여 마저 삼올로 쪼갠다. 이후 삼올 머리 부분에는 물을 적시고 삼톱으로 훑어 톺기 시작하며, 빗질을 반복하여 실올을 정리한다. 마지막으로는 참빗으로 빗어 마무리한다. 삼 머리를 빗과 삼톱으로 가늘게 훑는 이유는 삼올의 첫머리의 매가 가늘어야 이후 삼기 과정에서 삼올이 이어지는 부분의 굵기가 일정하고 매끄럽기 때문이다. 완성된 삼올은 머리 부분에 삼끈을 둘러 임시 고정하여 마무리하는데 삼삼기 작업 전 삼올들이 서로 헝클어지지 않도록 잘 보관하기 위한 공정이다.

성근 빗으로 삼올의 머리를 빗어 1차 정리하기

빗으로 정리한 삼올의 머리를 삼톱으로 훑기

참빗으로 삼올 머리 2차 정리하기

삼째기가 끝난 삼올

3) 삼삼기

삼째기가 끝난 삼올은 직조를 위한 긴 실로 만들기 위해 삼뚝가지에 올려 삼기를 한다. 삼뚝가지에 삼올을 걸 때는 삼 머리(뿌리)를 삼뚝가지의 아래쪽 기둥 부분에 묶고, 반대편 쪽인 삼 꼬리(뿌리 반대쪽)는 위쪽 끝에 묶어 고정한다. 삼기는 삼올의 꼬리에 또 다른 삼올의 머리가 연결되는 과정으로 결과적으로 머리 방향으로 실들이 이어진다. 본격적인 작업에 앞서 삼올 2~3가닥을 삼은 다음 삼 머리쪽의 실마리를 둥글게 감아 처음 시작을 표시하는데 이를 '작은베'라 한다. 작은베를 만들어 바구니의 한가운데에 먼저 놓고 실을 잇는 과정을 반복하여 삼실을 만든다.

안동에서는 삼올을 서로 연결하여 삼실을 이어 가는 기법으로 크게 두 종류가 사용된다. 주로 사용하는 방법은 '매내삼기'이며 9새 이상의 씨실용 삼실을 만들 때에는 '곱비벼삼기'로 잇는다. 삼기 전에는 서로 연

삼뚝가지

삼 삼는 전경

실마리를 둥글게 감아 작은베를 만든 모습

결하고자 하는 실올의 머리와 꼬리를 이로 훑어 더욱 얇게 만들고, 이 과정에서 침이 묻으며 실의 터럭이 정리되면서 매끄러워진다.

매내삼기는 삼올의 꼬리를 입으로 뜯어 두 가닥으로 만든 후 다른 삼올의 머리를 그 사이로 위치시킨다. 삼올 꼬리에서 갈라진 두 가닥의 실오라기 가운데 작업자 방향에서 아래 쪽에 놓인 실올 쪽과 잇대어 연결하고자 하는 삼올의 머리와 함께 비벼 합사한다. 이때는 오른손 엄지와 검지로 두 실올을 붙잡고, 시계방향으로 꼬임을 주면서 삼는다.[58] 그 다음으로 삼올 꼬리에 남은 실오라기와 함께 앞서 연결된 부분을 무릎 위에 올려놓고 손바닥으로 비벼서 합사한다. 이때는 오른손바닥으로 두 실올을 밀착시키고 몸 안쪽으로 밀어 시계방향의 꼬임을 주면서 합사한다. 한 줄로 이어지면 끝에는 오른손을 몸 바깥쪽으로 밀어 반시계방향의 꼬임을 살짝 준다.

---

58 매내삼기의 첫 번째 합사 과정에서는 작업자에 따라서 오른손 엄지와 검지를 쓰거나, 오른손바닥과 무릎을 사용하여 꼬임을 준다.

이로 삼올의 꼬리를 두 가닥으로 쪼개는 모습

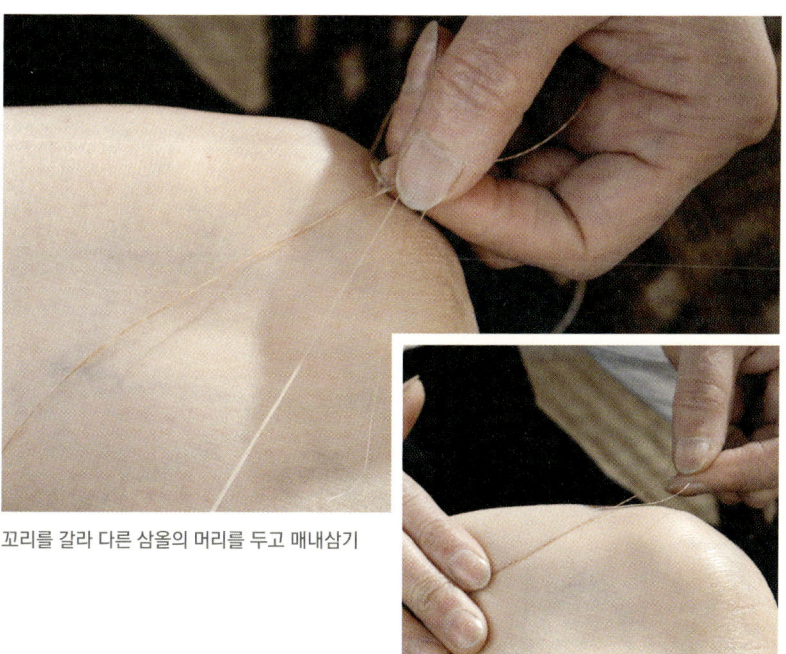

꼬리를 갈라 다른 삼올의 머리를 두고 매내삼기

무릎에서 비벼 꼬아 실잇기

Ⅲ_삼실 만들기　105

곱비벼삼기는 매내삼기처럼 삼올의 꼬리를 두 가닥으로 가르지 않고 삼을 비벼 합사하는 방법이다. 매내삼기와 마찬가지로 왼손에는 작은베로부터 길게 이어진 삼실의 꼬리, 오른손에는 삼뚝가지에서 고정된 삼올을 빼낸 것으로 새롭게 연결할 삼올의 머리 부분을 붙잡는다. 이로 각 올의 머리와 꼬리를 훑어 더욱 가늘게 해 주고 왼손 검지와 엄지에 놓인 꼬리에 오른손으로 삼올의 머리를 위치시킨다. 이때 꼬리를 길게 머리를 짧게 놓으며, 오른손으로 반시계방향으로 꼬임을 주며 1차 합사한다. 1차 합사한 삼올의 위치를 연결된 삼올의 방향으로 넘겨 시계방향으로 꼬임을 주며 2차 합사하는데 왼손과 오른손의 엄지와 검지가 모두 사용된다. 2차 합사 끝에는 오른손으로 살짝 반시계방향으로 꼬임을 주며 마무리한다.

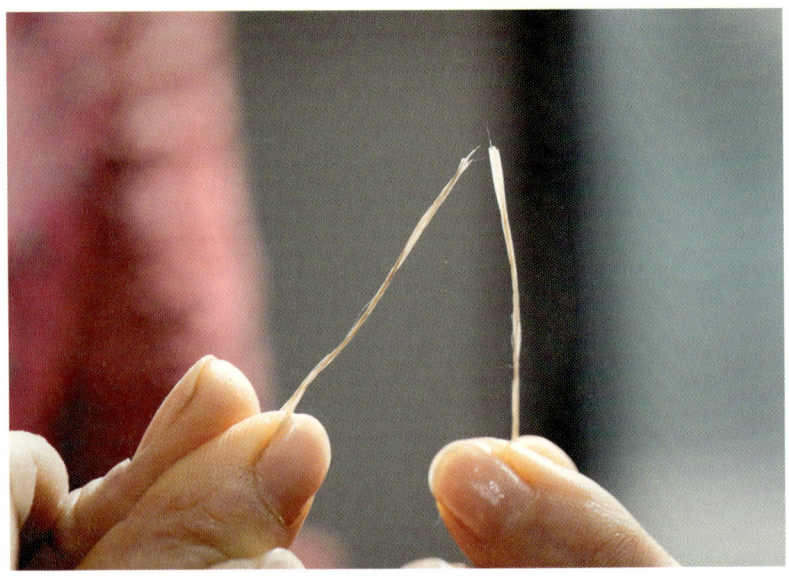

삼올의 꼬리와 다른 삼올의 머리를 잡은 모습

두 올을 교차로 잡은 모습

한 손으로 잡고 두 올을 손으로 비벼 꼬기

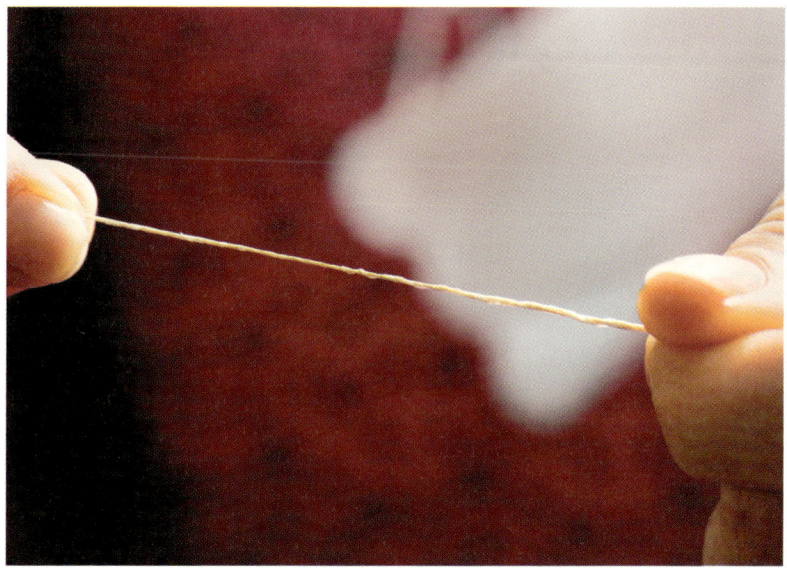

1차 합사한 삼올을 연결된 삼올 방향으로 넘겨 꼬아 마무리한 모습

Ⅲ_삼실 만들기   107

매내삼기

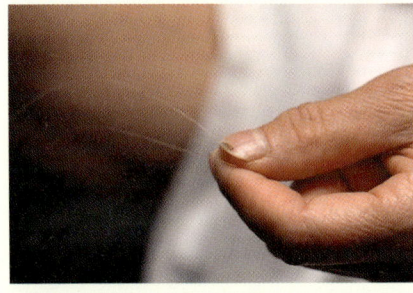

1. 두 가닥으로 나눈 삼올 꼬리를 쥔 모습

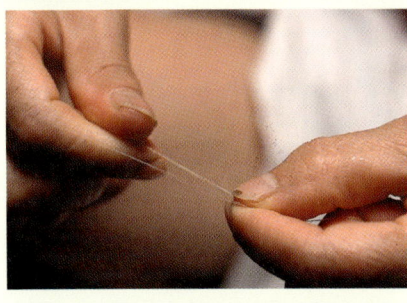

2. 삼올 머리와 꼬리 쪽 한 가닥을 1차 합사하기

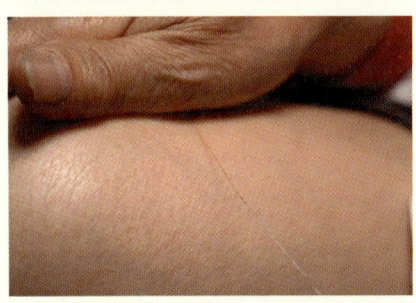
3. 1차 합사한 올을 꼬리 방향으로 넘겨 시계방향으로 2차 합사하기

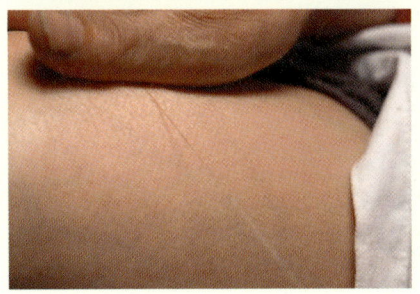

4. 2차 합사 끝에는 반시계방향으로 살짝 꼬임을 주는 모습

곱비벼삼기

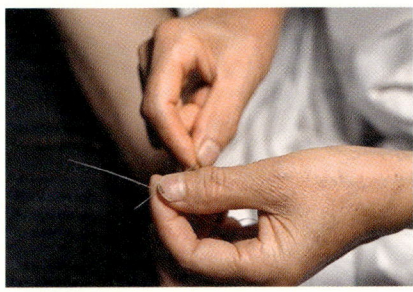

1. 삼올 꼬리의 두 가닥을 쥔 모습

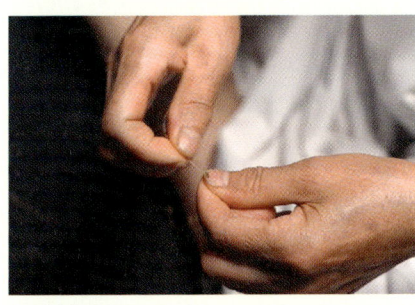
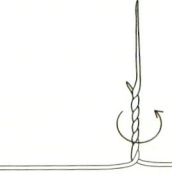
2. 머리와 꼬리를 1차 합사하며, 반시계 방향으로 꼬아 합사하기

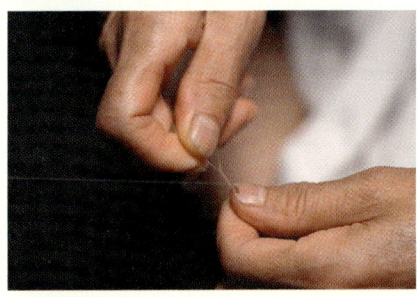
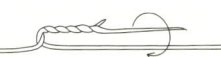
3. 1차 합사한 실올을 꼬리 방향으로 넘겨 시계방향으로 꼬아 2차 합사하기

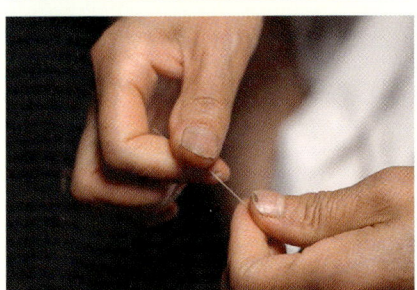

4. 2차 합사 끝에는 반시계방향으로 살짝 꼬임을 주는 모습

4) 날실용 꼬임주기

생냉이의 날실은 보통 매내삼기로 잇는다. 과거 아주 고운 실올을 날실로 쓸 때는 꼬리 부분을 두 가닥으로 매낼 수 없으므로 곱비벼삼기도 하였다.[59] 씨실이 머리와 꼬리만 삼아 마무리한 것과는 달리 대개 날실은 실 전체를 손과 무릎으로 비벼 꼬임을 준다. 이 과정을 안동에서는 '비빈다'고 하며, 근래에는 '꼰다'고 표현하기도 한다. 날실에 사용되는 삼실을 질기고 매끄럽게 만든다. 매내삼기로 이어진 실을 무릎 위에 올려놓고 꼬임을 줄 길이만큼 왼손으로 실을 길게 펼쳐 늘어트린다. 무릎에 올린 실을 오른손바닥으로 덮어 바깥쪽으로 비벼 반시계방향으로 밀어내는데 꼬임을 주는 동안 왼손 엄지와 검지로 실을 살짝 잡아 준다. 이같은 방법으로 납작한 삼실에 꼬임을 주면 원통형이 되는데 이를 '비빈삼'이라고 하며, 실의 꼬임은 약 7~9회 정도 반복하여 준다. 이렇게 꼬임을 주면 실이 질겨지며 터럭이 정리되어 이후 날기 등의 후속 과정이 수월하다. 삼올이 한 바구니로 쌓이면 바구니를 뒤집어 작은베가 위가 되도록 놓고 삼끈으로 열십자로 묶어 정리한다. 둥근 형태의 실 덩어리는 '실떡'이라 한다.

오래전 안동 지역에서는 '물레생냉이'와 '납닥생냉이'가 전승되고 있었는데, 물레생냉이는 날실을 삼아서 이을 때 별도로 '비벼' 꼬임을 주지 않고 익냉이와 무삼과 같이 물레로 실에 꼬임을 준다. 물레로 꼬임을 준 실은 돌것에 올려 실타래를 만들고, 다시 실떡으로 내린다. 삼실을 물레로 꼬임을 주고 돌것에 올려 큰 실타래를 만드는 것은 익냉이 공정과 유사하나 잿물에 익혀 띄우는 과정 없이 곧바로 돌것에 올린 삼실을 내린다. 즉, 삼실을 만들 때 물레생냉이는 삼실을 돌것에 한 번 올리고, 익냉

---

59 김점호(구술)·유시주(편집), 『베도 숱한 베 짜고 밭도 숱한 밭 매고』, 뿌리깊은나무, 1990, 92쪽.

생냉이용 날실 제작을 위해 무릎에 7~9회 비벼 실 전체에 꼬임을 주는 모습

생냉이용 씨실(좌), 비벼서 꼬임을 준 날실(우)

Ⅲ_삼실 만들기

이와 무삼은 삼실을 돌것에 두 번 올려 작업한다.

물레생냉이는 일반적인 생냉이보다는 날이 굵었으며, 7새까지 제직되었다. 납닥생냉이는 날실에 사용되는 삼실을 별도 '비벼' 꼬임을 주지 않고 정경하여 제직한 것으로 잔털이 많아 작업 난이도가 높은 것으로 알려져 있으며 현재는 전승이 단절되었다.

바구니에 쌓이는 삼실

열십자로 묶어 작은베가 위가 오도록 마무리한 실떡

2. 익냉이실 만들기

1) 겉껍질 훑기와 계추리 바래기

익냉이실을 만들기 위해 겉껍질을 훑는 방식은 생냉이의 겉껍질 훑기와 방법이 동일하다. 재릅과 분리한 삼 껍질을 물에 담가 겉껍질을 벗길 준비를 한다. 삼톱과 삼톱판을 사용하여 겉껍질을 머리 쪽부터 훑어내며, 이때 가늘고 고운 것은 생냉이용, 질기고 뻣뻣한 것은 익냉이용으로 구분한다. 재릅과 삼 껍질을 분리하는 앞선 과정에서 한 차례 무삼용으로 선별하였으나, 겉껍질을 벗기는 과정에서도 추가적으로 확인되는 티가 있고 억센 속껍질은 다시 무삼용으로 분류하며 작업한다. 겉껍질을 벗긴 삼은 머리 쪽을 묶어 실내에서 건조 후 외부에서 일주일간 널어 말리는 계추리 바래기를 거친다.

겉껍질을 훑으며 무삼용, 익냉이용, 생냉이용 실을 분리하는 모습

2) 삼째기

삼을 째는 과정은 생냉이와 동일하나 실의 굵기에 차이가 있다. 생냉이용은 가늘게 째며 익냉이용은 생냉이용보다는 굵게 짼다. 겉껍질을 벗겨 말린 삼을 물에 불려 짤 준비를 한다. 물에 불린 삼은 마르지 않도록 한 가닥씩 둥글게 말아 가리를 만들며, 삼째기를 할 때는 역순으로 다시 한 가닥씩 풀어 가며 짼다. 왼손에 둥글게 감은 삼가리를 잡고 오른손 엄지손톱으로 삼을 짼 후 엄지와 검지로 사이를 벌려 나머지 부분을 마저 짼다. 삼실은 두 팔을 편 길이보다 길어서 오른쪽 무릎 앞에 놓인 둥지에 걸면서 짼다.

엄지손톱으로 삼째기

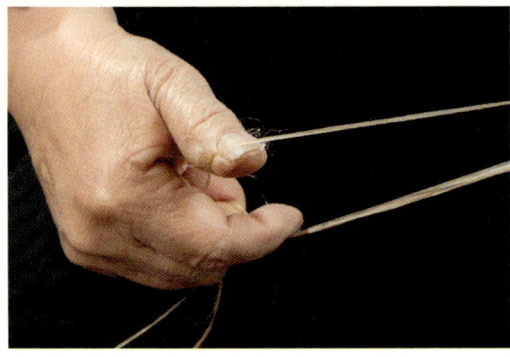

엄지와 검지로 벌려 가며 삼째기

등지를 이용해 꼬리 끝까지 째는 모습

감아 둔 한 가리를 다 째면 짼 삼올 가운데 부분을 왼손에 감아 잡고 꼬리 쪽을 오른손으로 훑으며 삼올이 가늘고 약한 부분을 털어낸다.

짼 삼의 중심을 한 손에 말아 감고 다른 손으로 꼬리를 털어 정리하기

삼째기를 마친 삼올의 꼬리를 정리한 후 뭉쳐 있는 삼올의 머리 부분을 손으로 뜯고, 성근 빗으로 삼올 머리를 빗질하여 끝까지 가른다. 이후 삼올 머리 부분에는 물을 묻혀 가며 삼톱으로 톺아 머리를 가늘게 훑으며, 삼올의 머리 부분을 참빗으로 곱게 빗어 마무리한다.

1. 뭉쳐 있는 머리를 손으로 뜯기

2. 성근 빗으로 머리를 빗질하여 1차 정리하기

3. 삼톱으로 삼올의 머리 부분을 톺기   4. 톺은 머리를 참빗으로 빗질하여 정리하기

5. 삼톱과 빗으로 삼올의 머리를 다듬기 전(좌)·후(우)

Ⅲ_삼실 만들기

3) 삼삼기

짼 삼올을 삼뚝가지에 올려 삼기를 한다. 삼뚝가지의 낮은 기둥에 삼올의 머리 쪽을 고정하고 기둥에서 뻗어 나온 막대의 끝에는 삼올의 꼬리를 고정한다. 삼뚝가지에 걸린 삼을 한 올씩 뽑아 꼬리를 두 가닥으로 가르고, 머리를 잇대어 삼는 매내삼기 방법으로 삼올을 연결하여 삼실을 만든다. 익냉이용 실은 실올을 삼아 연결하는 일정 부분만 비벼 꼬아 실을 만들며 생냉이용 실 만들기와 달리 비비는 과정을 생략하고, 후속 과정인 물레질을 통해 실 전체에 꼬임을 준다. 익냉이용 실은 생냉이용 실에 비해 질기고 억세서 무릎으로 비빌 수 없다. 삼실의 시작 표시로 머리 부분에 작은베를 만들어 바구니에 올려 두고, 삼삼기를 진행하면서 바구니 안에 이은 실들을 쌓아 실떡을 만든다.

1. 꼬리를 갈라 다른 삼올의 머리와 잇기

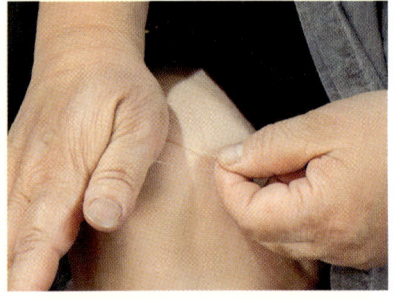

2. 꼬리 쪽의 한 가닥과 머리를 1차로 비벼 잇기

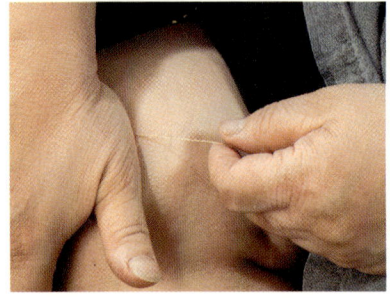

3. 남은 꼬리 쪽 가닥을 2차로 비벼 잇기

4. 실떡을 열십자로 묶어 완성

삼실 전체를 비벼 꼬임을 주는 공정 없이 삼올을 삼아가는 익냉이용 삼실

4) 물레질

삼베짜기에서 안동의 생냉이와 같이 꼬임을 주지 않는 특별한 종류를 제외하고는 모두 물레를 사용하여 실에 꼬임을 주는 작업이 수반된다. 물레가 우리나라에 언제부터 사용되었는지는 정확히 알 수 없으나 청동기시대 말기에서 철기시대 초기 무렵의 유적에서 가락바퀴의 출토가 현저히 줄어드는 것으로 보아 이 시기에는 보다 발전된 형태의 제사製絲 도구인 물레가 만들어져 사용되었음을 추측할 수 있다. 우리나라에서 보편적으로 사용된 물레는 쇠로 만든 가락이 하나인 단 가락의 물레이다. 조선시대 실학자들에 의해 4개의 가락을 사용하는 물레의 개량이 시도된 것으로 알려져 있으며,[60] 중국으로 이주한 조선족의 길쌈에서도 가락이 6개인 다 가락 물레가 확인된다. 오늘날 남해, 거창 등의 지역에서 두 가락의 물레가 보이며, 안동에서는 주로 가락 하나만을 사용한다. 물레의 핵심 부속인 물레바퀴는 나무로 바퀴살을 만들어 가장자리를 동줄(또는 거미줄)이라 부르는 굵은 끈으로 연결하여 만들거나 대나무 소재로 제작되기도 하였다. 지역에 따라 재료와 모양이 조금씩 다르다.

물레의 기본적인 구조는 큰 회전축의 물레바퀴와 쇠로 만든 가락鐵駕絡을 설치한 괴머리의 두 부분으로 이루어지며 물레바퀴와 가락은 물렛줄로 연결되어 물레바퀴의 회전과 함께 가락이 가속화되어 돌게 된다. 물레 작업을 위해서 우선 물레를 차려야 하는데 물레의 가랫장 위에 돌을 얹어 고정시키고, 괴머리를 옮겨 가며 물레바퀴와 괴머리 간의 간격을 알맞게 조절한다. 괴머리를 앉히고 나면 가락에 물렛줄을 걸고, 가락 끝에는 수숫대를 끼워 준비한다. 물레질하기 위해 삼아 놓은 실떡은 물에 10분 정도 담갔다가 꺼내 사용한다.

---

60 심연옥, 『나주샛골나이』, 국립문화재연구소, 2003, 89쪽.

물레와 가락

물에 담가 둔 실떡

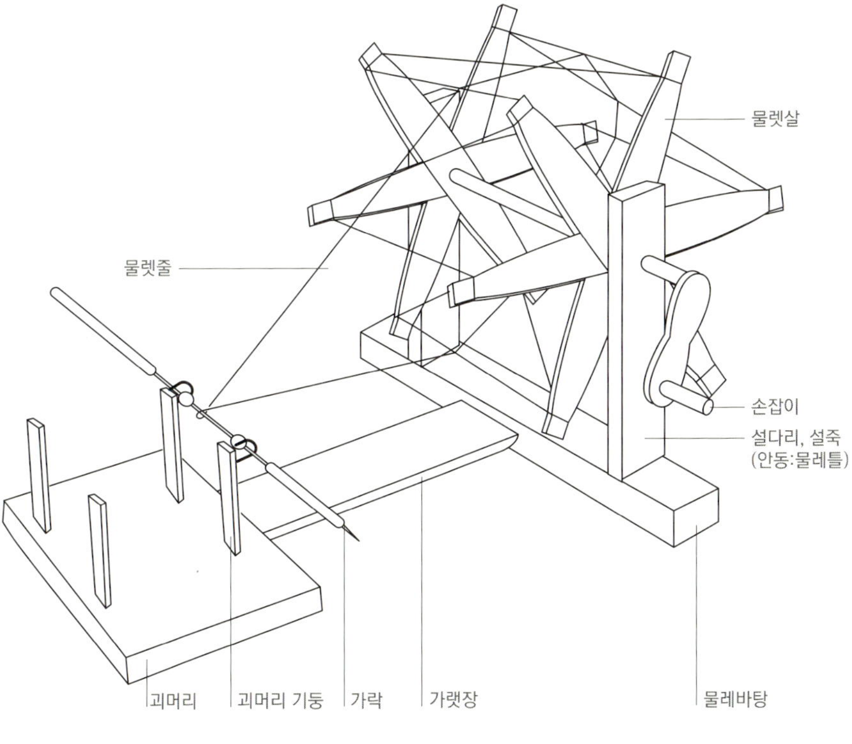

물레의 구조와 명칭

- 물렛살
- 물렛줄
- 손잡이
- 설다리, 설죽 (안동:물레틀)
- 괴머리
- 괴머리 기둥
- 가락
- 가랫장
- 물레바탕

Ⅲ_삼실 만들기 121

물레질할 때는 물레 앞에 앉아 삼실에 꼬임을 주며 가락에 감는 주 작업자와 뒤에서 삼실이 엉키는 것을 방지하는 보조 작업자가 함께 작업하면 수월하다. 물레질의 편의를 위해 물에 불린 삼실은 바구니에 담아서 보통 주 작업자의 왼편에 둔다. 주 작업자의 뒤쪽 방향으로 약 3m, 높이는 1.8m 정도로 실패 또는 도르래를 위치시켜 높게 매달아 설치해 둔다. 바구니에 담긴 삼실의 실마리를 찾아 실패(또는 도르래)에 통과시키고 물레로 꼬임을 주면서 물레가락에 입혀진 수숫대 위로 감는다. 이 같이 삼실을 길게 늘어트려 작업하는 이유는 실에 꼬임을 균일하게 하고, 실이 서로 헝클어지고 뭉치는 현상을 방지하기 위해서다.

실패의 구멍에 삼실을 통과시킨 모습

가락에 입힌 수숫대에 삼실 고정하기

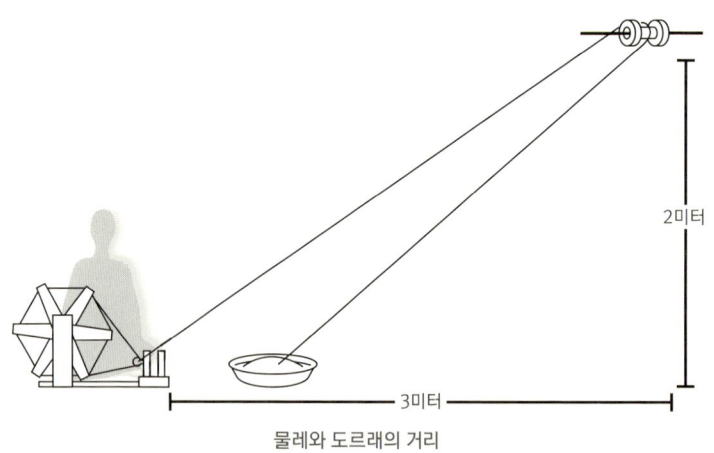
물레와 도르래의 거리

물레질 전경

물레로 실에 꼬임을 주는 과정은 다음과 같다. 오른손으로 물레 손잡이를 시계방향으로 돌리면 물레바퀴는 시계방향, 가락은 연결된 물렛줄에 의해 반시계방향으로 회전한다. 이때 왼손은 삼실을 살짝 잡아 가면서 가락 끝의 회전을 통해 꼬임을 주는데 일정 길이만큼 실에 꼬임이 주어지면 물레바퀴를 반시계방향으로 살짝 돌려 가락 끝에 놓인 삼실을 잠시 풀었다가, 물레바퀴를 다시 시계방향으로 돌려 삼실을 수숫대에 감아 준다. 이 과정을 반복하며, 수숫대에 감긴 삼실의 양이 일정량이 되면 마무리한다.

1. 물레를 우회전(시계방향)으로 돌리며 실을 잡고 꼬임 주기
2. 물레를 좌회전(반시계방향)으로 살짝 돌리며 실을 수숫대에 감을 위치로 옮기기
3. 물레를 우회전으로 돌리며 수숫대에 꼬임을 준 실 감기
4. 수숫대에 감긴 삼실
5. 물레질한 삼실 전(아래)·후(위)

5) 돌것에 올려 실타래 만들기

물레로 꼬임을 준 삼실은 잿물에 익히기 위해 큰 실타래로 만들어 준다. 타래를 만드는 과정에서 사용되는 도구는 돌것, 쇠꼬챙이, 대나무 손잡이 등이 있다.

돌것　　　　　　　　　　　　　　대나무 손잡이와 쇠꼬챙이

돌것은 하단 받침대와 중심축이 있고, 그 위에 십자형으로 위치된 두 막대가 놓이며, 막대가 교차하는 중심에 축이 있어 회전하는 형태이다. 십자형 막대의 가장자리 끝 네 지점은 구멍이 두 개씩 뚫려 있고 짧은 기둥이 꼽힌다. 한쪽 기둥에는 사침을 짓는 보조 막대가 있다. 사방의 기둥과 사침막대는 필요에 따라 위치를 이동하거나 분리하여 공정별 쓰임에 맞춰 설치한다. 『임원경제지』에서는 돌것을 반차蟠車라 이른 것을 알 수 있다.

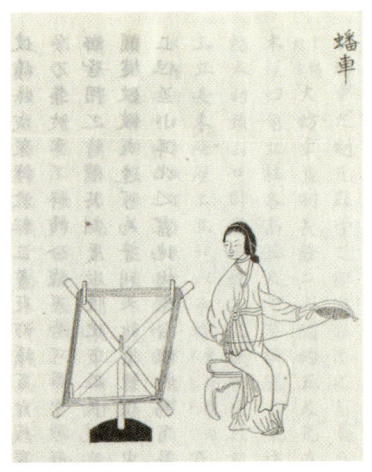

『임원경제지』에 수록된 반차
(자료제공: 서울대학교 규장각한국학중앙연구원)

돌것은 전통 길쌈 종목 중 삼베짜기에서만 사용하는 도구로 안동을 포함한 삼베짜기를 이어 온 전 지역에서 사용이 확인되며, 대체로 유사한 크기와 형태로 나타난다.

명주짜기에서는 작은 돌것의 사용이 확인되는데 전체 크기가 작고 타래 형태의 실을 물레가락에 내려 실댕이로 만들 때 사용된다. 삼베짜기에 사용되는 돌것과는 크기와 형태에서 차이가 나타나는데 가장 큰 차이점으로는 사침막대가 포함되지 않는다. 명주짜기에 사용되는 돌것은 십자형 나무막대 끝에 대나무를 밖으로 휘어 갈퀴손처럼 만든 기둥을 꽂는다. 이 휘어진 대나무 기둥에 실타래를 걸면 대나무의 탄성에 의해 타래가 팽팽하게 고정된다. 전체 크기는 약 가로 65cm, 세로 90cm 정도이다.

삼베짜기에서 사용하는 돌것은 실을 타래 형태로 만들 때와 타래로 된 실을 실떡 형태로 만들 때 모두 사용한다. 실을 타래로 만들 때에는 사침막대를 활용해 사침을 지어 주며 실이 엉키는 것을 방지한다. 타래를 다시 실떡으로 만들 때는 사침막대를 제거하고 실타래에 사침 지어 표시한 끈에서 순서를 찾아 실을 차례로 풀어 실떡을 만든다. 돌것에 사용되는 나무는 주변에서 구하기 쉽고 변형이 적은 단단한 나무를 사용한다. 삼베짜기에 사용되는 돌것의 크기는 일반적으로 높이 약 85cm, 너비 180cm 정도로 명주짜기에서 사용되는 돌것에 비해 확연하게 크다.

보물섬남해삼베마을 소장 돌것

곡성 돌실나이전수관 소장 돌것

(자료제공: 집필자)

돌것에 올리는 전경

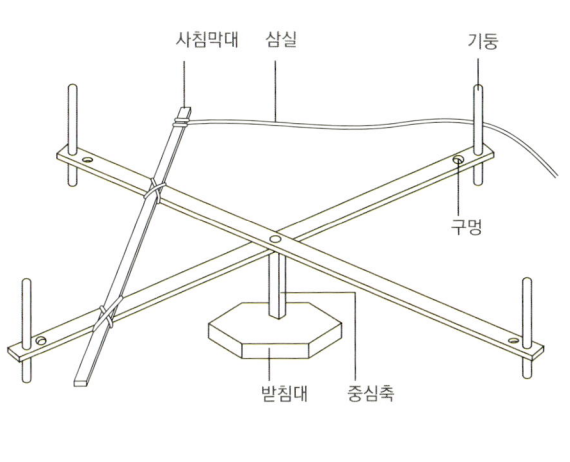

사침막대 　삼실　　　　　기둥
구멍
받침대　중심축

돌것의 구조

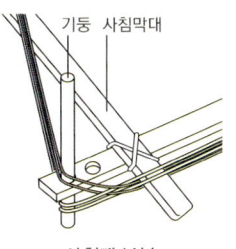

기둥　사침막대

사침대 부분

Ⅲ_삼실 만들기

돌것으로 타래를 만드는 과정에서는 수숫대에 감긴 삼실을 쉽게 풀어내기 위해 쇠꼬챙이와 대나무 손잡이를 사용한다. 수숫대를 쇠꼬챙이에 끼운 다음 쇠꼬챙이를 대나무 손잡이에 집어넣는다. 대나무 안에서 쇠꼬챙이가 돌며 실이 풀리는 구조로 손에 직접 쇠꼬챙이를 잡고 실을 풀어내는 것보다 효율적이다. 대나무 손잡이는 한 손에 잡기 편한 크기로 대나무 마디의 막힌 부분을 밑으로 하여 통으로 만든다. 쇠꼬챙이와 대나무 손잡이는 삼베짜기를 이어 가고 있는 각 지역마다 삼베실을 돌것에 올리는 작업 과정에서 공통적으로 사용하고 있다.

사침막대에 실 끝을 임시로 고정하고 돌것을 돌려 사방의 짧은 기둥에 삼실을 걸어 준다. 한 바퀴가 돌 때마다 사침막대가 있는 곳에서 실을 위아래로 교차하여 'X'자 형태의 사침을 만들어 준다.

돌것에 삼실을 올려 실타래를 완성하면 돌것에서 내릴 준비를 한다. 임시 고정해 둔 타래의 첫 실마리를 찾아 타래의 실 끝과 연결하고 사침대 위치에서 동그랗게 말아 표시한다. 돌것에서 삼실을 한 올씩 사침 지은 부분을 끈으로 통과하고 묶어 고정하며, 그 밖에 타래에 간격을 나누어 다른 끈을 이용해 타래를 중간마다 둘러 묶는데 후속 작업에서 실이 헝클어지는 것을 예방하는 역할을 한다. 실타래의 실마리 및 사침 표시, 부분 고정을 완료하면 돌것에서 실타래를 내린다. 이후 실타래는 작업 과정에서 생긴 수분을 말리기 위해 널어 준다.

돌것의 한쪽 기둥과
사침막대로 실을
X자로 교차시켜
사침짓기

실의 처음과 끝을
함께 둥글게 말아
마무리한 모습

사침지어 교차된
실 사이를 끈으로
묶어 표시하기

Ⅲ_삼실 만들기

6) 실타래 잿물 정련

실타래로 만든 삼실을 정련하는 과정으로 실타래에 잿물을 먹이고 따뜻한 구들에 띄우거나 가마솥에 실타래와 잿물을 넣고 삶는다. 무삼도 실타래를 잿물에 담가 정련하여 겉껍질을 벗기기 위해 진행하지만 익냉이는 삼실을 부드럽게 하기 위해서 잿물 정련을 거친다. 시연에는 실타래를 잿물에 담가 삶는 방식으로 진행하였다.

잿물 만드는 작업을 먼저 진행한다. 대야에 'Y'형의 나무막대를 올려놓고 그 위에 천을 깔아 둔 바구니를 둔다. 바구니 안에 재를 채워 담고 뜨거운 물을 부어 잿물을 만들기 시작한다. 대야로 내려지는 잿물의 색을 보며 농도를 맞춘다.

실타래는 사등분하여 접고 중심을 끈으로 묶어 손잡이를 만든다. 실타래를 묶은 손잡이를 잡아 잿물에 넣고 그 위에 무거운 돌 등을 올려 실타래가 잿물 위로 뜨는 것을 방지한다. 실이 담긴 대야를 천으로 덮고 햇볕 아래에서 1시간 정도 뜸을 들인다. 이후에는 실타래를 잿물에서 꺼내 잿물이 빠지도록 건져 받쳐 둔다. 마지막으로 가마솥에 잿물과 실타래를 같이 넣고 한 차례 삶아 건져낸다.

재에 뜨거운 물을 부어 잿물 만들기

사등분하여 접고 중심을 끈으로 묶은 실타래를 잿물에 담그기

가마솥에 잿물과 실타래를 넣고 삶는 모습

잿물에서 건져낸 실타래는 개울가로 옮겨 사침을 표시한 끈을 제외하고 나눠 묶었던 끈을 모두 풀어낸 뒤 물에 담가 잿물을 뺀다. 실이 물속에서 엉키지 않도록 삼올의 머리 쪽에서 꼬리 쪽 방향으로 타래를 돌리며 실을 헹군다. 실타래가 흐트러지지 않도록 물속에서 고리매듭을 짓는다. 마지막 헹굼 작업으로 개울에 30분 정도 실타래가 떠내려가지 않도록 담가 두고 남은 잿물을 제거한다. 개울에 담가 둔 실타래를 꺼내 매듭을 풀고, 타래 양쪽에 막대기를 끼운다. 두 사람이 양쪽의 막대를 서로 팽팽하게 잡아당기면서 타래를 감아 돌려 물기를 짜낸 다음 햇볕에 널어 말린다.

1. 개울에서 실타래를 한 방향으로 돌리며 씻기

2. 실타래가 물속에서 엉키지 않게 고리매듭 짓기

3. 고리매듭 한 실타래

4. 실타래를 개울에 담가 남은 잿물 제거하기

개울에서 실타래 헹구기

7) 된장물에 담그기

잿물을 제거한 타래에 된장물을 들이는 과정으로 안동에서는 이를 '굽메기기'라고 한다. 된장에 물을 조금씩 부어 가며 된장물을 만드는데, 덩어리가 남지 않도록 손으로 치대며 풀어 준비한다. 작업자는 된장물의 맛을 보며 농도 조절을 하는데 된장찌개보다 짭짤한 정도로 간을 맞춘다. 타래를 대야에 놓고 된장물을 부어 치댄 후 1시간 정도 둔다.

된장을 물에 풀기

된장물에 실타래를 넣고 치대기

된장물에서 타래를 건져낸 다음 두 사람이 한 조로 각각 막대기를 하나씩 쓰면서 비틀어 짠 후 턴다. 햇볕에 하루 정도 건조시키며 중간마다 타래실을 털어 뭉친 부분을 풀어 준다.

실타래 비틀어 짜기

실타래를 널고 붙은 실 정리하기

8) 돌것에 올려 실타래 풀기

된장물을 들이고 건조한 실타래는 다시 돌것에 올리고, 실떡 상태로 만드는 '내리기'를 거친다. 돌것에 실타래를 걸고 사침을 표시한 사침끈을 한쪽 막대기에 고정하며, 이후 사침끈을 풀어 아래로 향하게 둔다. 실타래의 시작점인 실 머리 부분을 찾고 작은베를 만들어 바구니에 담는다. 돌것을 돌려 가며 이어진 삼실을 내리면 사침끈이 풀어진 쪽부터 순서대로 삼실이 풀려나온다. 실을 내리다 끊어지면 아래쪽으로 처진 실을 확인하고 사침을 찾아 이어 다시 내리기를 진행한다. 내린 실은 실떡으로 만들어 보관한다.

사침끈을 기둥에 고정하고 매듭을 푼 모습

돌것의 가장자리에 위치한 기둥 하나를 빼고
실타래를 올린 후 안쪽으로 기둥을 위치시켜 장력 맞추기

돌것으로 삼실을 내리는 전경

3. 무삼실 만들기

1) 삼째기

삼째기를 위해 재릅과 분리시켜 말려 둔 껍질은 한 시간가량 물에 불린다. 물에 불린 껍질의 머리를 삼톱으로 톺는다. 무삼용은 삼째기 전에도 머리를 톺고, 짼 후에도 톺는다. 생냉이와 익냉이에서는 한 줌의 껍질을 둥글게 '가리'를 감아 한 가닥씩 풀어 가며 째기를 하였으나 무삼에서는 별도로 가리를 만들지 않는다. 무삼에서는 삼째기를 위해 왼손에 삼 껍질을 쥐고, 검지와 중지 사이에 삼 머리에서 약 30㎝가량 떨어진 부분을 먼저 끼우고 머리 쪽에서 중지를 한 바퀴 감아 손등 뒤로 넘긴다. 나머지 꼬리 쪽 방향의 삼실은 모두 엄지와 검지 사이로 넘겨 짤 준비를 마친다. 삼째기를 할 때에는 엄지와 검지 사이에 위치된 삼 껍질을 한 가닥씩 빼내서 손톱을 이용해 짼다. 엄지손톱으로 삼 껍질을 째기 시작하고 검지를 벌려진 틈에 넣어 사이 공간을 벌려 가며 끝까지 짼다. 무삼실을 만드는 실은 너무 가늘게 째면 이후 연속되는 여러 과정에서 끊어지기 쉬우므로 굵은 느낌이 나도록 짼다. 삼을 째면서 손가락 사이마다 3등분으로 나눠 끼운다.

삼을 손가락 사이에 걸고 째는 모습

짼 삼을 손가락 사이로 구분지어 나눈 모습

한 줌을 다 쨰고는 손가락 사이에 나눈 삼올을 삼 머리 쪽으로 벗겨 내며 분리하는데 이때 머리 끝부분에 째지 못한 삼 껍질이 모두 갈라지 도록 한다. 삼올의 머리 부분을 가지런히 정리하여 삼톱으로 톺아 머리 를 다듬는다. 정리가 끝나면 머리를 돌려 매 놓는다. 삼올의 꼬리 부분 에서도 연약한 부분을 톺아 끊어낸 후 마무리한다.

짼 삼올의 머리를 돌려 매 놓은 모습

짼 삼올의 꼬리 톺기

2) 삼삼기

삼올의 머리는 삼뚝가지 아래에 묶고, 꼬리는 위쪽에 묶어 고정한다. 삼뚝가지는 작업자 위치에서 삼올 머리가 왼쪽을 향하도록 놓는다. 삼뚝가지에서 삼올 한 가닥을 빼내고 삼톱으로 꼬리를 톺아 매를 만든다. 무삼용 삼올은 상당히 억세고 질겨서 이로 쪼개지 않고 삼톱을 이용한다. 삼올 꼬리 끝 갈라진 매 사이에 다른 삼올의 머리를 넣고 매내삼기로 이어 실을 만든다. 앞의 과정을 반복하여 실을 삼는다. 실의 실마리인 머리 쪽에서부터 감아서 작은베를 만들고 시작 부분을 표시한다. 생냉이와 익냉이의 삼삼기 공정과 마찬가지로 실떡 상태로 마무리한다. 실이 연결되는 부분만 매내삼기 하면서 손과 무릎으로 꼬임을 주고 전체적인 실의 꼬임은 후속 과정에서 물레질한다. 무삼용의 날실과 씨실은 동일하게 사용하여 별도 구분하지 않는다.

삼올의 꼬리를 삼톱으로 매를 내는 모습

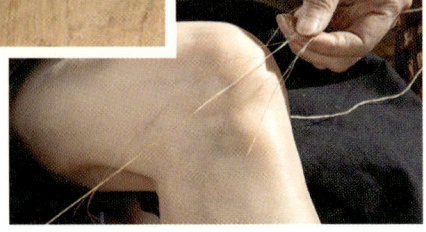

삼올의 꼬리를 가르고 사이에 다른 삼의 머리를 둔 모습

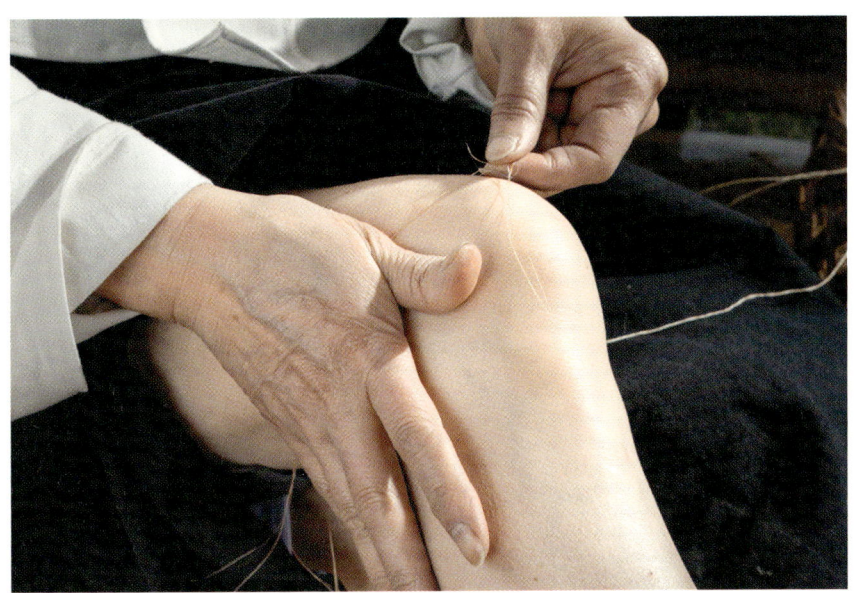

무릎과 오른손으로 꼬임을 주며 매내삼기

삼올의 연결 부분만 매내삼기 하여 바구니에 담은 모습

Ⅲ_삼실 만들기

3) 물레질

삼삼기로 만든 실떡은 물레로 꼬임을 주기 위해 물에 약 10분간 담근다. 물레질하기 위해 물레와 도드래의 위치를 잡는다. 이때 도르래는 익냉이의 물레질 작업과 같이 작업자의 뒤쪽으로 높은 곳에 위치한다. 실떡에서 작은베를 풀어 삼실의 머리끝을 찾아 도르래에 통과시키고 물레가락까지 위치시킨다. 물레의 가락에 수숫대를 끼운 다음 수숫대에 삼실의 머리끝을 고정하고 물레를 사용하여 삼실에 꼬임을 주며 감는다. 오른손으로는 물레의 손잡이를 잡고 시계방향으로 물레바퀴를 돌리며, 이때 왼손으로는 가락에 걸린 삼실을 잡아 일정량 꼬임을 준다. 이후 물레바퀴를 반시계방향으로 살짝 돌려 가락에 걸린 삼실을 잠시 풀었다가 다시 시계방향으로 물레바퀴를 돌려 꼬임을 준 삼실을 수숫대에 감아 준다. 삼실에 꼬임을 준 부분이 수숫대에 다 감기면 다시 가락 끝으로 실을 옮겨 놓고 앞의 과정을 반복하여 실 전체를 꼬아 준다.

무삼용 삼실 물레질 전(아래), 후(위) 비교

물레질을 두 사람이 한 조로 진행할 때는 물레를 돌려 실에 꼬임을 주는 주 작업자와 실떡에서 풀려나온 삼실이 도르래 등에서 엉키지 않게 풀어 주는 역할을 하는 보조 작업자로 나눈다.

물레질 전경

4) 돌것에 올려 실타래 만들기

물레로 꼬임을 준 삼실은 돌것을 이용하여 타래로 만든다. 돌것의 한쪽 기둥에 사침막대를 설치하고 삼실의 사침을 나누며 타래를 만들기 시작한다. 수숫대에 감긴 삼실을 풀면서 돌것을 회전시켜 삼실을 올린다. 돌것에 삼실을 올려 한 타래를 만들면 사침 부분에는 끈을 통과시켜 표시해 묶어 준다. 이후 타래의 사방을 끈으로 묶어 고정하여 실들이 서로 엉키는 것을 방지한다. 이러한 타래는 4개를 만들어야 한 필감이 나온다. 완성된 타래는 삼실에 남아 있는 수분을 제거하기 위해 널어 건조한다.

돌것에 삼실 올리기 전경

돌겻에서 타래로 만든 실의 수분을 제거하기 위해 널어 건조하는 모습

완성된 실타래

5) 실타래 잿물에 정련

무삼실 만들기 과정에서 손꼽는 중요한 과정이다. 생냉이와 익냉이는 겉껍질을 삼톱으로 톺아 제거하지만 무삼은 겉껍질과 속껍질이 서로 부착된 상태로 실을 만든 후 돌곳에 올려 실타래를 만들고 잿물 정련으로 겉껍질을 제거한다. 안동 지역의 무삼실을 만드는 과정은 다른 지역에서 일반적으로 하는 삼실 제작 방식과 동일하다. 지역별 삼을 째고 삼아 실을 만든 후 겉껍질을 제거하는 방법은 여러 가지가 있었다. 잿물을 만들어 사용하거나 과거 오줌과 등겨 등에 띄워 겉껍질과 속껍질을 분리하기도 하였다. 근년에 들어 가장 많이 활용되는 방법은 가성소다를 사용하여 양잿물을 만들어 띄우는 방식이다.[61]

현재 안동에서는 타래로 만든 삼실의 겉껍질을 벗기는 과정에서 잿물, 양잿물 등을 사용한다. 양잿물은 가성소다에 끓는 물을 부어 만든다. 완성된 양잿물에는 무삼 실타래를 담그고 그 위를 돌로 눌러 푹 잠기도록 한다. 이를 햇볕 아래에서 천을 덮어 뜸을 들인 후 실타래를 꺼내 양잿물이 일정량 빠지도록 둔다. 이후 잿물을 머금은 실타래를 따뜻한 실내 온돌방으로 이동시켜 비닐과 이불 등을 깔고 올려 익힌다. 실타래가 잘 익을 수 있도록 이불로 겹겹이 덮어 열기가 빠져나가지 않도록 한다. 약 5시간가량이 지나면 쌓인 실타래의 위아래를 뒤집어 준다. 실타래는 총 10시간 정도 익힌다. 실내에서 한 차례 익혀 띄운 실타래는 겉껍질이 더욱 잘 벗겨지고 부드럽게 만들기 위해서 가마솥에 다시 양잿물과 함께 담가 삶는다. 양잿물이 끓기 시작하면 바로 건져낸다.

---

61 지역에 따라 실타래에 재를 직접 비벼 묻히고, 이를 익혀 겉껍질을 제거하기도 한다. 무주에서는 실타래에 재 가루를 실에 고르게 묻힌 이후 실타래를 익혀 띄우는 실내 장소로 가져가서 왕겨를 뿌리고, 비닐과 이불을 덮어 삼실을 익힌다.

1. 양잿물에 실타래 담그기

2. 돌로 눌러 푹 잠기도록 한 모습

3. 천을 덮고 햇볕에서 뜸들이기

4. 실타래를 꺼내 양잿물을 빼는 모습

5. 온돌방에 이불을 깔고 실타래 펼쳐 놓기

6. 이불을 덮어 10시간 정도 익히기

7. 익은 실을 꺼내 삶을 준비하기

8. 양잿물에 실타래를 넣고 삶기

Ⅲ_삼실 만들기

잿물에 고루 익혀진 타래는 개울가로 옮겨 사방을 묶었던 실들을 제거하고 물에 담가 겉껍질을 제거한다. 실타래의 방향을 확인하여 삼실의 머리 쪽에서 꼬리 쪽으로 손으로 훑듯이 헹군다. 삼실의 방향을 살피지 않으면 실을 이은 부분에서 터럭이 일어난다. 실타래가 엉키지 않도록 물에 잿물을 헹궈 빼며 겉껍질을 제거한다.

실타래를 개울에 펼쳐 담근 모습

삼실의 머리 쪽에서 꼬리 방향으로 훑어 가며 겉껍질 제거하기

실타래를 수세하여 겉껍질이 벗겨지고 나면 물속에서 실이 흐트러지지 않도록 고리매듭을 짓는다. 마지막으로 물에 실타래가 떠내려가지 않도록 30분가량 담가 두어 남은 잿물을 제거한다. 실타래의 헹구기가 끝나면 두 사람이 각각 막대 하나씩을 쥐고 타래를 걸어 감아 돌리며 남은 물기를 짜고 햇볕에 널어 말린다.

실타래를 고리매듭 지어 개울에 담가 두고 양잿물을 충분히 빼는 모습

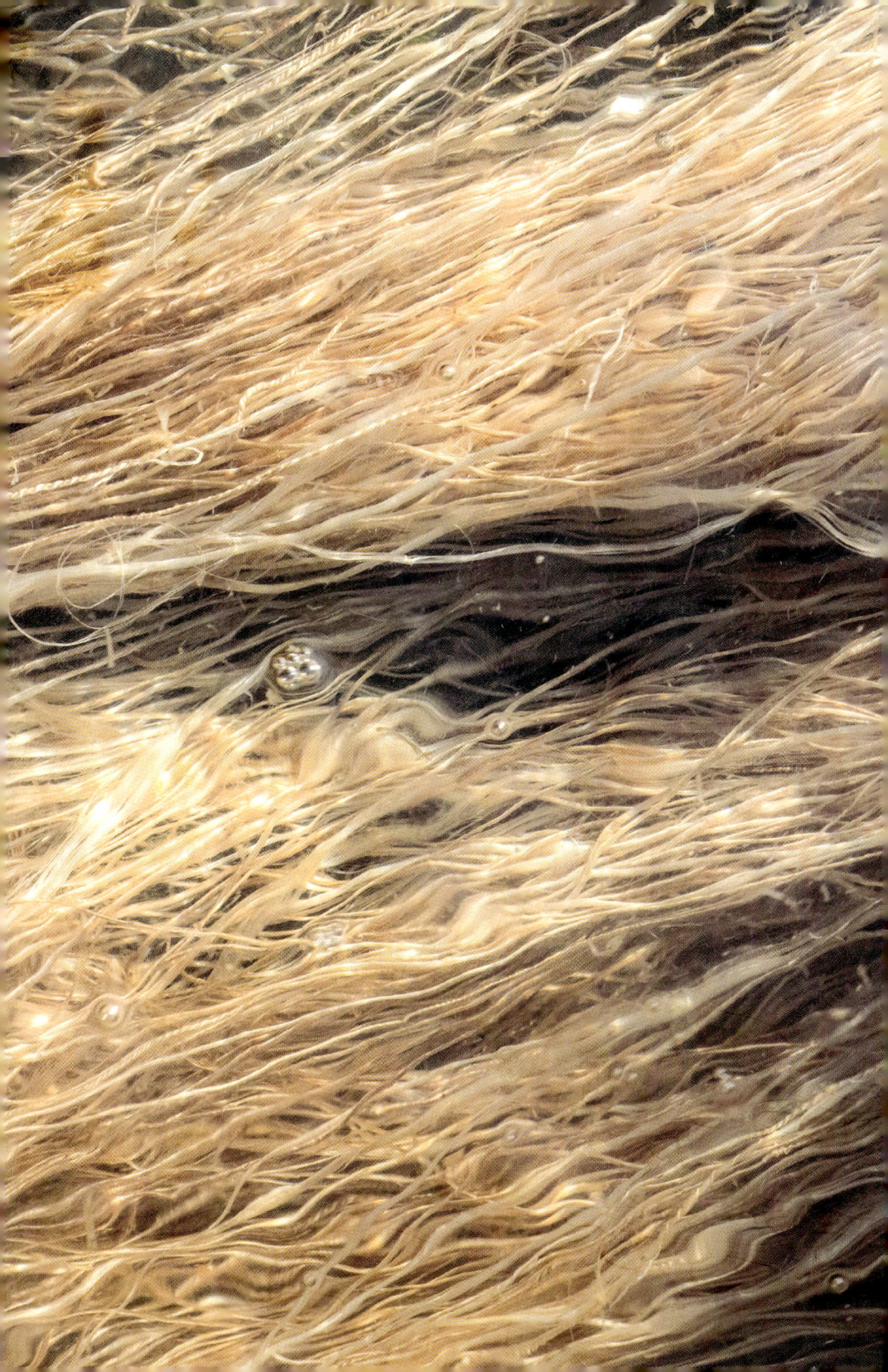

6) 된장물에 담그기

된장의 덩어리가 뭉치지 않도록 물에 풀면서 된장물을 만든다. 대야에 실타래를 넣고 된장물을 부어 치댄 후 삼실에 된장물이 충분히 스며들 수 있도록 1시간 정도 둔다. 타래를 꺼내 두 사람이 막대기를 이용하여 비틀어 짠 후 털어 햇볕에 하루 정도 건조한다. 건조 중간마다 실타래를 한 번씩 손질하며 실끼리 뭉쳐 서로 붙는 것을 방지한다.

된장에 물을 붓고 덩어리지지 않게 풀기

실타래를 넣고 치대서 된장물 먹이기

두 사람이 양쪽에서 실타래에 각각 막대기를 끼워 당기면서 털기

된장물을 먹인 실타래

7) 돌것에 올려 실타래 풀기

실타래를 다시 돌것에 올려 실떡을 만든다. 돌것에 실타래를 걸 때는 너무 팽팽하게 당기지 않고 살짝 느슨하게 걸릴 수 있도록 돌것의 사방 가장자리에 있는 막대를 안쪽으로 조정한다. 돌것에 실타래를 걸면서 사침 끈을 한쪽 막대에 고정하고 사침 지은 실을 차례로 풀어 준다. 삼실의 실마리인 머리를 찾아서 작은 베를 만들고 돌것에 실을 풀어 내리면서 바구니에 담는다. 삼실을 바구니로 내리면서 작업자는 물을 묻혀 가며 손이 마르지 않도록 작업한다. 두 사람이 함께 작업할 때도 있으며 타래가 엉키지 않도록 실을 뜯어 가며 정리하고 바구니에 담는다. 삼실이 끊어지면 매내삼기로 연결한다.

돌것에 올려 실을 내리는 전경

바구니에 만들어지는 실떡

안동에서는 돌것에 올린 실타래를 바구니 안에 실떡 상태로 만들면서 삼실에 붙은 티와 터럭 등을 정리한다.[62]

실떡 10개를 만들어 날기에 사용한다. 바구니에 실떡이 완성되면 끈으로 열십자를 만들어 실떡을 고정하고 작은베와 함께 묶어 햇볕에서 한 차례 건조한다. 한 타래에서 약 3개의 떡을 나누어 만든다.

돌것에 건 실타래를 실떡으로 만든 모습

---

62 홍성과 무주 등 다른 지역에서는 돌것에서 실을 내린 다음, 다시 바구니에 담긴 삼실을 뒤집고 실마리부터 티와 터럭을 정리하는 공정 과정을 별도로 진행하는데 이를 '거스르기'라 부른다.

IV

날실·씨실 준비

날실·씨실 준비

실을 만드는 과정은 생냉이, 익냉이, 무삼이 각기 다르지만, 베를 짜기 위한 날실 및 씨실 준비 과정부터는 도구나 공정이 같다. 날실 준비 과정은 순서에 따라 베날기, 바디 끼우기, 새몰기와 매기 과정으로 진행된다. 씨실 준비는 북에 넣어 사용하는 실꾸리를 감는 과정이다.

1. 날실 준비하기

1) 베날기

날기는 날실(경사)을 준비하는 과정으로 직물의 길이와 폭, 날실의 전체 올 수(샛수) 등이 정해진다. 날기에는 날상이, 날틀(베꽂이), 걸틀, 자 등을 사용하며, 이를 고정할 수 있는 무거운 돌이 필요하다. 날상이에는 10올

날상이와 날틀

걸틀

의 날실이 일정한 간격으로 위치한 고리마다 한 올씩 끼워지며, 각각의 고리는 실떡에서 풀려나오는 삼실들의 길을 만들어 주는 역할을 한다. 날틀은 베날기 과정에서 새쫓기한 사침을 걸어 날실의 올 수를 파악하며, 겉틀의 위치로 직물의 길이를 정한다. 날기에는 실떡 10개와 흙, 물, 숯검정 등이 필요하다.

실떡 10개를 날상이 앞에 두고 젖은 흙을 준비하여 실떡 위에 고루 뿌려 준다. 이는 실떡에서 삼실이 풀려나올 때 실이 서로 헝클어지고 뭉치는 현상을 방지한다. 날상이에 달린 10개의 고리에 실떡의 작은베를 찾아서 고리마다 한 올씩 통과시킨다.

실떡에 젖은 흙을 올려 실이 풀리는 과정에서 엉키는 것을 방지하는 모습

날상이의 구멍에 서로 엉키지 않도록 10올의 날실을 각각 통과시켜 잡은 모습

날실 10올의 끝을 한 묶음으로 묶고 홀수 올과 짝수 올을 엄지와 검지 사이에 나눠 걸며 사침을 만든다. 오른손 기준 홀수 올은 엄지 위 검지 아래 방향으로 걸리고, 짝수 올은 엄지 아래 검지 위로 실올이 손에 걸린다. 홀수 올을 집을 때는 위에서 아래로 움직이면서 손바닥이 땅을 향하고, 짝수 올을 집을 때는 아래에서 위로 움직이면서 손바닥이 하늘을 향한다. 날실 10올을 한 단위로 작업하며 이것을 '새를 쪼은다'라고 한다. 손에 사침 지어진 날실 10올이 빠지지 않도록 쥐고 구분하여 날틀에 옮겨 건다.

손바닥을 밑으로 하며
홀수 올 쫓기

손바닥을 위로 하며
짝수 올 쫓기

새를 쪼아 한 올씩 교차한 날실을 날틀의 기둥에 우선 나눠 걸고, 다시 날실을 두 조로 나누는데 홀수 올과 짝수 올을 각 다섯 올씩 교차하여 다음 기둥에 건다. 계획한 직물의 길이를 계산하여 걸틀은 미리 위치시키며, 새쫓기한 날실을 걸틀에 걸고 다시 날틀로 가져온다. 날실이 날틀과 걸틀에 걸려 왕복되는 길이를 베날기 길이라 하며 보통 30자를 난다.

날틀의 기둥에 새를 나눠 걸기

제직할 직물의 길이에 맞춰 설치한 걸틀에 새쫓기한 날실 걸기

걸틀에 걸린 날실은 다시 날상이 앞에서 새를 쪼아 날틀에 건다. 이를 직물의 샛수에 맞춰 반복하여 작업한다. 날상이 앞에서 실떡을 관리하는 사람들은 실떡이 마르지 않도록 젖은 흙을 보충하고 실떡을 다 쓰면 새로운 실떡으로 교체해 준다. 베날기 작업 과정에서 실이 끊어지면 매내삼기로 연결한다. 날기 과정 중 걸틀 기둥에 걸리는 마지막 한 모숨에 '개미'를 찍어 전체 길이의 절반을 표시하며, 직물을 짤 때 개미를 보고 작업 정도를 확인한다.

날실 80올을 1새로 계산하고 1새마다 날실에 막대기를 하나씩 놓아 표시한다. 날실에 막대기가 6개 꼽혀 7새를 날면 직물의 총 날실 수는 560올이다. 날기가 끝나면 시작 부분을 묶고 참새와 개새 자리를 확인하면서 끈을 통과시킨다. 끝부분은 잘라서 묶고, 베날기한 실 전체를 둥글게 사려 감아 거둔다. 작업 과정에서 날실에 머금고 있던 습기를 말리기 위해 햇볕에 널어 둔다. 날상이 앞에 남은 실떡들도 보관을 위해 흙을 털고 햇볕에 건조하여 습기를 제거한다.

걸틀에서 개미를 찍어 길이 표시하기

1새(80올)마다 막대를 꽂아 표시한 모습

참새 개새

날실을 둥글게 말아 정리하고 햇볕에 널어 건조하기

날틀의 첫 번째 기둥과 두 번째 기둥 사이에 놓인 날실을 묶어 마무리하는 모습

Ⅳ_날실·씨실 준비

2) 바디 끼우기

베날기를 마친 날실은 바디에 끼우는 작업을 한다. 바디는 대나무로 만든 것을 사용하며 날실의 올 수와 밀도에 맞춰 준비한다. 대나무 바디는 전통베틀을 사용할 경우 날실에 한 번 끼워지면 직물 제작을 완료할 때까지 사용되는 필수 도구이며, 바디에 따라 직물의 폭과 밀도가 정해진다.

7새 대나무 바디

바디 끼우기 전경

삼째기 과정에서 사용한 둥지의 기둥에 날실을 묶어 고정하고, 베날기에서 끈으로 표시한 개새와 참새에 막대기를 통과시킨다. 참새대에서 순서대로 교차된 사올과 잉아올을 합쳐 두 올을 한 조로 구분하여 잡고, 바디 한 집에 통과시킨다. 바디에 끼워진 실이 한 묶음 단위가 되면 실 끝을 묶는다. 이후에는 실 끝에 묶인 부분을 잡고 사올과 잉아올을 위아래로 나눠서 공간을 벌린 다음 바디 앞에서 두 번 꼰다. 즉, 바디에 통과된 날실을 나누면서 사침을 표시하는 작업이다. 이를 반복하여 작업하는데 7새는 약 11묶음으로 나눠 작업한다.

두 올을 잡고 바디 한 칸에 넣기

사올과 잉아올을 나눠 꼰 모습

3) 새몰기와 베매기

(1) 베매기 준비

베매기는 직조를 위해 날실에 풀을 먹이고 경권구인 도투마리에 날실을 감아 준비하는 과정이다. 매기에는 들말(멜틀), 도투마리, 배꼽대, 베비, 사침대, 끄싱개, 풀솔, 돌 등의 도구와 된장풀, 벳불 등의 재료가 필요하다. 들말은 도투마리를 올려 두는 도구로, 사용하는 직기 및 지역에 따라 들말과 도투마리의 형태에 차이가 있다. 전통베틀에는 'H'자형의 전통 도투마리를 사용하며, 개량베틀에는 안동 지역에서 '알도투마리'로 불리는 경권구로 대체하여 회전축이 있는 개량식 들말이 사용된다.

전통 도투마리와 들말에 올린 도투마리

개량 들말과 도투마리대에 끼운 알도투마리

끄싱개는 도투마리에 고정한 날실을 반대편에서 길게 늘어뜨려 매기 작업 시에 일정한 장력을 유지해 주는 도구이다. 끄싱개에는 무거운 돌을 올려놓으며, 그 위로 베매기를 이어 갈 날실이 올려진다. 도투마리에 날실을 감으면 끄싱개가 도투마리 쪽으로 날실의 장력을 유지하면서 전진한다. 베비는 도투마리에 날실을 감을 때 날실 사이에 넣는 막대기로 날실이 도투마리에 쌓이면서 형태를 유지하고 일정한 길이로 감길 수 있도록 한다.

1. 돌을 올려놓은 끄싱개 2. 베비(좌)와 배꼽대(우) 3. 된장풀
4. 벳불 5. 물과 풀솔

① 풀 쑤기

된장풀은 된장, 좁쌀, 메밀 껍질, 밀가루, 볶은 보릿가루, 식용유가 들어간다. 가마솥에 물을 끓여 식용유를 넣은 다음 불린 좁쌀을 넣고 잘 저어 준다. 좁쌀을 주재료로 사용하면 풀기가 강하지 않고 밀가루로만 만든 풀처럼 딱딱해지지 않는다. 좁쌀이 퍼질 때까지 끓이며 좁쌀이 퍼지면 볶은 보릿가루를 넣는다. 보릿가루는 보푸라기를 방지하는 역할을 한다. 다음으로 메밀 껍질을 한 필 기준으로 반 되 정도 넣는데 메밀 껍질은 실이 서로 달라붙는 것을 예방한다. 물에 푼 밀가루를 넣고 간을 보면서 된장을 넣는다. 풀은 간이 짭짤하도록 된장을 넣는데 된장이 적으면 베가 마르고, 많이 넣으면 날실이 눅눅해져 짜기가 힘들다. 풀을 다 쑤고 나면 뚜껑을 닫아 뜸을 들이고 식힌다. 생냉이는 풀을 되게 쑤고, 무삼은 좀 묽게 쑤어야 한다. 매기 과정은 시간이 상당히 소요되는

풀에 들어가는 재료

작업으로 보통 이른 새벽부터 시작하는데, 매기용 풀은 매기 전날에 미리 준비한다.

재료들이 퍼질 때까지 된장풀을 저어 주는 모습

완성된 된장풀

② 벳불 피우기

벳불은 매기 작업을 하는 당일 새벽에 일찍 준비한다. 벳불을 만들기 위해 삽, 꼬챙이 등의 도구가 필요하며 왕겨, 사과나무, 볏짚, 숯을 사용하여 불을 지핀다.

1. 꼬챙이와 삽
2. 왕겨
3. 사과나무
4. 볏짚

금속으로 된 방형의 틀에 왕겨를 깔고 그 위에 나무를 올리며 사이에 숯을 놓아 불씨가 오래가도록 태운다. 불을 피우는 중간마다 왕겨를 뿌려 주고 나무가 타면 불씨를 눌러 가며 다독인다. 불꽃이 사그라지면 마지막으로 짚을 덮고 기다려 연기가 나지 않으면 베매기에 사용한다.

벳불을 만들기 위해 왕겨를 바닥에 깔고 나무와 숯을 올린 모습

벳불을 만들며 중간중간 왕겨를 뿌려 가며 태우기

(2) 새몰기

새몰기는 바디 뒤의 사침을 바디 앞으로 옮기는 과정이다. 안동 지역에서는 새몰기를 매기 직전 도투마리에 날실을 걸고 진행한다. 새몰기를 하기 위해 들말을 무거운 돌로 고정하고 도투마리를 올린다. 배꼽대에 날실을 끼운 다음 배꼽대와 도투마리를 연결하며 꼬아 둔 날실을 풀어 준다.

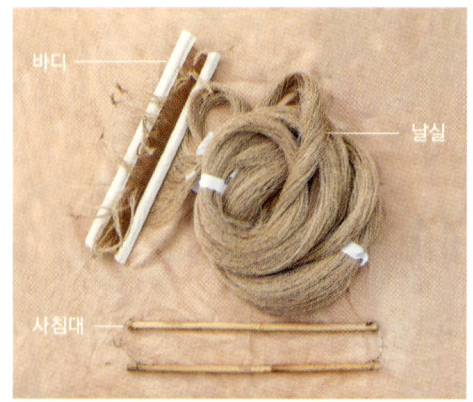

바디쓰기가 끝난 날실과 사침대

배꼽대에 날실을 걸고 도투마리에 고정하기

바디 뒤로 참새에 묶었던 실을 마저 풀어내고 막대를 넣는다. 바디 뒤편에 있는 참새를 정리하면서 바디에 통과시켜 도투마리 쪽으로 몬다. 바디와 도투마리 사이로 옮겨진 참새, 즉 사침을 참새대(사침대)에 끼워 고정한다. 이를 새몰기라 한다.[63]

매기 작업을 시작하면서 바디 뒤에 있는 참새대(사침대)를 바디 앞으로 옮기는 모습

바디를 통과한 참새

---

63 안동에서는 매기를 준비하는 과정에서 도투마리에 날실을 배꼽대로 연결한 다음 새몰기를 진행한다. 반면 한산모시짜기에서는 바디쓰기를 완료하면서 새몰기를 바로 진행한다.

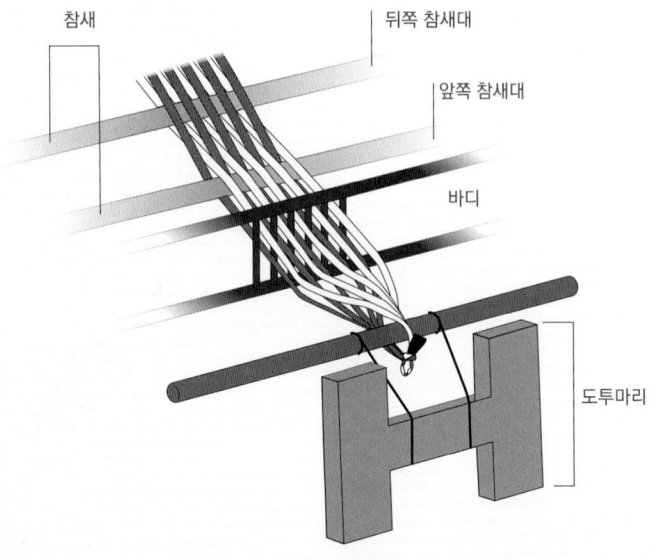

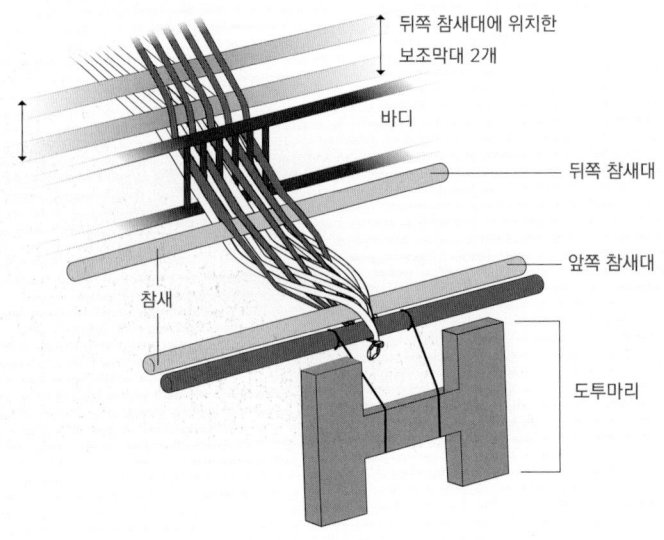

새몰기 과정

(3) 전통 도투마리 매기

날실을 길게 드리워 끄싱개에 묶은 다음 끄싱개를 도투마리 반대편으로 당겨 날실을 팽팽하게 한다. 개새에는 아랫대 2개를 나눠 끼워 넣고 아랫대에서 교차된 날실을 정리하고 나눠 주면서 끄싱개 쪽으로 내린다. 이 작업을 안동 지역에서는 '알을 깐다'라고 한다.

끄싱개에 날실을 걸고 도투마리 반대편으로 당겨 팽팽하게 한 모습

아랫대 부분에서 날실을 정리하기

베매기용 풀솔 끝에 물을 묻혀 바디와 날실에 물기를 준 다음 손으로 날실에 풀을 바르고 솔질한다. 손에 풀을 한 줌 집은 다음 날실 아래에 손을 위치시켜 두고 날실을 훑으면서 풀을 먹이는데 이때 손등은 아래 방향이다. 풀을 손으로 힘껏 주물러서 실에 풀이 잘 먹도록 한다. 이후 손을 날실 위로 올려 날실을 훑으며 풀을 먹이는데 손등의 방향은 위로 향한다. 풀로 인해 뭉쳐진 날실을 솔을 이용하여 쓸어내리며 나눈다. 날실 아래에 벳불을 두고 실과 풀이 고루 마르게 한다. 도투마리에 날실을 감는 초반부에는 두꺼운 목베비를 날실 사이에 끼우고 들말에서 도투마리를 들어 돌려 감는다. 점차 얇은 베비로 바꿔 가며 도투마리에 날실을 감는다. 도투마리와 날실을 감으면 끄싱개가 일정한 장력을 유지하며 이동한다. 도투마리와 끄싱개가 가까워지면 끄싱개 위에 감아 둔 날실을 풀어내고, 끄싱개를 다시 멀리 두면서 날실을 다시 고정해 둔다.

날실 가운데 길이에 단차가 생겨 늘어지는 실올을 '늦새'라 하며, 베매기 과정에서 전체적인 날실의 장력을 동일하게 맞추기 위해 풀칠한 위쪽에서 곱비벼 놓는다.

풀을 먹이기 전 풀솔에 물을 적셔 날실에 물 먹이기

날실에 손으로 풀 바르기

풀 바른 날실을 풀솔로 빗겨 실이 서로 붙지 않게 하며, 벳불로 풀을 말리며 작업하는 모습

바디를 중심으로 날실에 풀을 먹이고 있는 좌측 부분과 날실에 풀을 먹이고 바디를 통과시킨 우측 부분

들말에서 도투마리를 들어 날실 감기

매기 전경

베매기를 진행하다가 날실이 끊어지면 풀새미(풀솜)와 마재이(연결용 날실)를 이용해 실을 잇는다. 날실이 아랫대 부분에서 끊어지면 마재이를 이용하고 풀을 먹인 부분에서 끊어지면 풀새미를 이용한다. 풀새미는 누에고치를 삶아 만든 풀솜을 말한다. 끊어진 날실 두 올을 꼬아 감은 후에 소량의 풀솜을 같이 비벼 더욱 튼튼하게 연결하며, 아직 풀을 먹이지 않은 부분에서는 풀솔에 의해 풀새미가 떨어질 수 있어 이용하지 않는다.

마재이로 끊어진 날실을 연결하는 모습

마재이

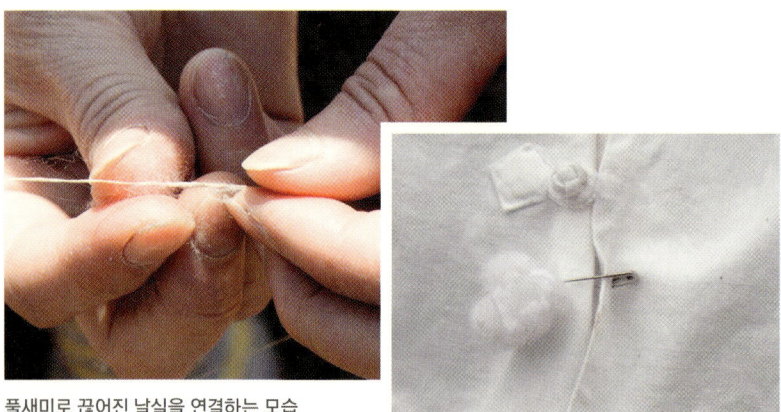

풀새미로 끊어진 날실을 연결하는 모습

풀새미

끄싱개의 기둥에 날실 끝을 묶어 고정할 때까지 매기를 진행하다가 끄싱개가 벳불 앞까지 오면 개새대를 빼고 풀을 먹인다. 끄싱개에 묶여 있던 끝부분을 풀고 날실을 정리하여 잉아올과 사올로 분리한다. 정돈이 끝나면 날실 끝을 묶고 톱대에 끼운다. 날실 끝까지 풀을 먹이기 위해 톱대를 다시 끄싱개에 연결하고 풀 먹여 마무리한다. 도투마리에 날실을 마지막으로 감을 때는 한지를 끼우고 삼끈으로 도투마리를 단단히 고정한다. 도투마리는 보자기에 감싸 보관한다.

벳불 앞까지 온 끄싱개의 모습

날실을 톱대에 끼운 뒤 풀 먹이기

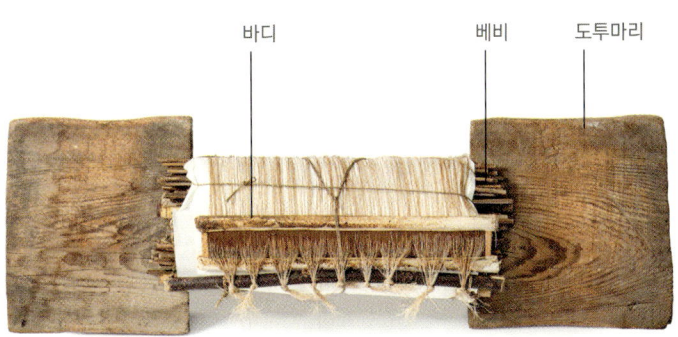

날실을 감아 완성한 도투마리

(4) 개량 도투마리 매기

개량베틀에 사용하는 날실 준비 과정은 전통베틀의 베매기와 과정은 유사하나 사용하는 도구가 다르다. 개량베틀에는 '알도투마리'가 사용되는데 매기 과정에서 알도투마리에 날실을 건 배꼽대를 연결해 준비한다. 알도투마리는 개량 들말로 감는데, 회전축과 톱니바퀴가 있어 전통 도투마리를 감는 것보다 비교적 수월하다. 알도투마리를 개량 들말에 고정하고 날실을 당기며 새몰기를 한다. 이후 전통 도투마리를 사용하는 매기 과정과 동일하게 진행되며 차이점은 마무리 과정에서 날실에서 바디를 빼낸다.

알도투마리를 개량 들말에 고정하고 매기 준비하기

들말에 날실을 고정하고 새몰기를 하는 모습

1. 끄싱개에 날실을 고정하고 벳불 설치하기

2. 된장풀을 바르고 풀솔로 빗기기

3. 베비를 넣으며 알도투마리에 날실 돌려 감기

4. 톱대를 끼워 날실 끝까지 매기하는 모습

5. 매기가 끝나고 바디를 빼는 모습

6. 완성된 도투마리

2. 씨실 준비하기

씨실은 직조할 때 북에 넣어 사용하며, 종광 장치(잉아)로 인해 개구된 날실 사이로 통과시킨다. 씨실을 북에 넣어 사용하기 위해 일정한 크기로 감아 실꾸리로 만든다. 씨실을 감는 방법은 전대로 감는 전통적인 방법과 개량된 도구를 사용해서 감는 방법이 있다.

전대로 씨실을 준비하는 방법은 다음과 같다. 실떡의 작은베가 위를 향하도록 바구니에 담는다. 실떡의 실마리를 찾아 전대의 한쪽 끝 'U'자형 홈에 삼실 머리를 걸고, 이후 전대 몸통에서 '8'자로 감아 나간다. 이때 바구니에 놓인 실떡 위에 여러 개의 매끈하고 작은 돌들을 올려놓아 삼실이 풀리면서 서로 엉키지 않도록 한다. 씨실을 감는 과정 중간마다 실떡에 분무기로 물을 뿌려 습기를 준다. 전대에 실꾸리가 적당한 크기로 감기면 실꾸리 가운데를 남은 실로 감아 고정한다. 전대의 'U'자형 홈에 걸어 표시해 둔 첫 실 머리를 잃어버리지 않게 잡으면서 실꾸리를 전대에서 뺀다.

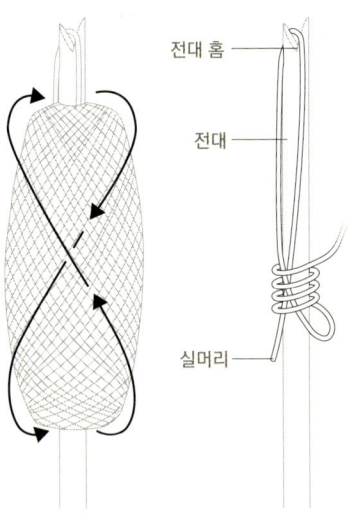

전대에 삼실을 '8'자로 감아 실꾸리 만드는 모습

실꾸리 안쪽에서 삼실의 머리 방향부터 풀려 나오는 모습

완성한 실꾸리(씨실)

완성된 실꾸리는 북에 넣어 사용한다. 북은 직조 시 실꾸리를 안정적으로 보관하고, 개구된 날실 사이에 씨실을 통과시켜 직물을 짜도록 하는 도구이다. 북은 지역과 제직하는 직물의 소재에 따라 다양한 크기로 나타난다. 삼베를 짜는 지역의 북은 대부분 크기가 크고 명주 또는 모시를 짜는 북의 크기는 비교적 작다.

또한 전통베틀에 사용하는 북이 개량베틀에 사용하는 개량된 북보다 크다. 전통베틀의 북은 바닥면이 완만히 곡이 져 있으며, 개량베틀 북은 바닥이 평평하고 바퀴가 2개 달려 있다.

전통 북과 개량 북

전통 북과 개량 북의 밑면

제직 시 실꾸리를 사용할 때는 물에 담가 두었다가 실꾸리 안쪽에서 풀려나오는 실의 머리 방향부터 사용한다. 실꾸리 가운데 구멍 안에 실 머리가 들어가 빠져나오지 않으면 볏짚을 실꾸리 구멍에 통과시켜 끝을 찾는다. 실꾸리를 물 밖으로 건질 때는 세로로 들어 물기를 일부 제거하고, 실꾸리를 북의 가운데 홈에 넣는다. 실 머리를 찾아 북 옆면에 뚫린 구멍에 통과하여 사용한다. 북닫개를 달아 북에서 실꾸리가 빠지는 것을 방지한다.

북에 담긴 씨실

북에 뚫린 구멍으로
실 머리를 통과시키는 모습

씨실을 전대에 감아 실꾸리를 만들던 방식에서 점차 지역별 개량 도구가 개발되고 작업에 활용하고 있다. 안동뿐만 아니라 남해, 무주 등의 삼베를 짜는 지역과 서천의 한산모시짜기 등에서도 다양한 형태의 개량 도구를 통해 씨실을 감고 있다.

지역마다 씨실을 감는 개량 도구의 형태는 상이하나 공통점은 손으로 회전축을 돌려서 움직이면 연결된 장치로 전대가 회전하면서 실 고리가 좌·우로 왕복운동을 하는 구조이다. 실 고리에 씨실을 통과시키고 전대에 고정한 뒤 회전축을 돌리면 전대에서 실꾸리가 감기는 원리이다. 전통 실꾸리와 마찬가지로 삼실의 머리 쪽 방향부터 감기 시작하며, 실마리를 표시하여 전대에서 빼낼 때 확인한다.

안동 금소리 김점호 보유자 소장
(자료제공: 집필자)

무주 치목삼베마을 소장
(자료제공: 집필자)

V

삼베짜기

삼베짜기

삼베를 짜는 베틀은 전통베틀과 개량베틀이 있다. 전통베틀은 오래전부터 사용해 온 직기로 실 형태의 종광장치가 하나만 설치되는 구조이다. 근래에는 작업이 비교적 편리한 답판형의 개량베틀이 겸용되고 있으며, 두 개의 종광이 도르래로 연동되는 구조이다.

1. 전통베틀 짜기

전통베틀은 조립식으로 평소에는 분해하여 보관하다가 사용할 때 부품들을 재조립하는 형식이다. 전통베틀의 기본 구조는 골격을 이루는 기대와 잉아를 들어 올리는 전동 도구, 날실에 부속되는 부품, 씨실을 넣는 도구, 그 외 부속품들로 구성된다. 기대는 앞다리, 뒷다리, 누운다리, 가로대로 이루어진다. 잉아를 들어 올리는 전동 도구는 용두머리, 눈썹대, 신나무, 쇠꼬리, 끌신으로 구성되고 날실에 연결되는 부속품은 도투마리, 베비, 비경이, 눌림대, 잉앗대, 잉앗실, 바디집과 바디, 최활, 말코, 부테(부티) 등이다. 씨실을 넣는 도구로는 북, 북닫개(북바늘)가 있고 그 외 부속품들로는 앉을깨, 바늘과 풀솜, 참기름, 밥풀 등이 있다. 전통베틀의 세부 명칭은 지역마다 조금씩 차이를 보인다.

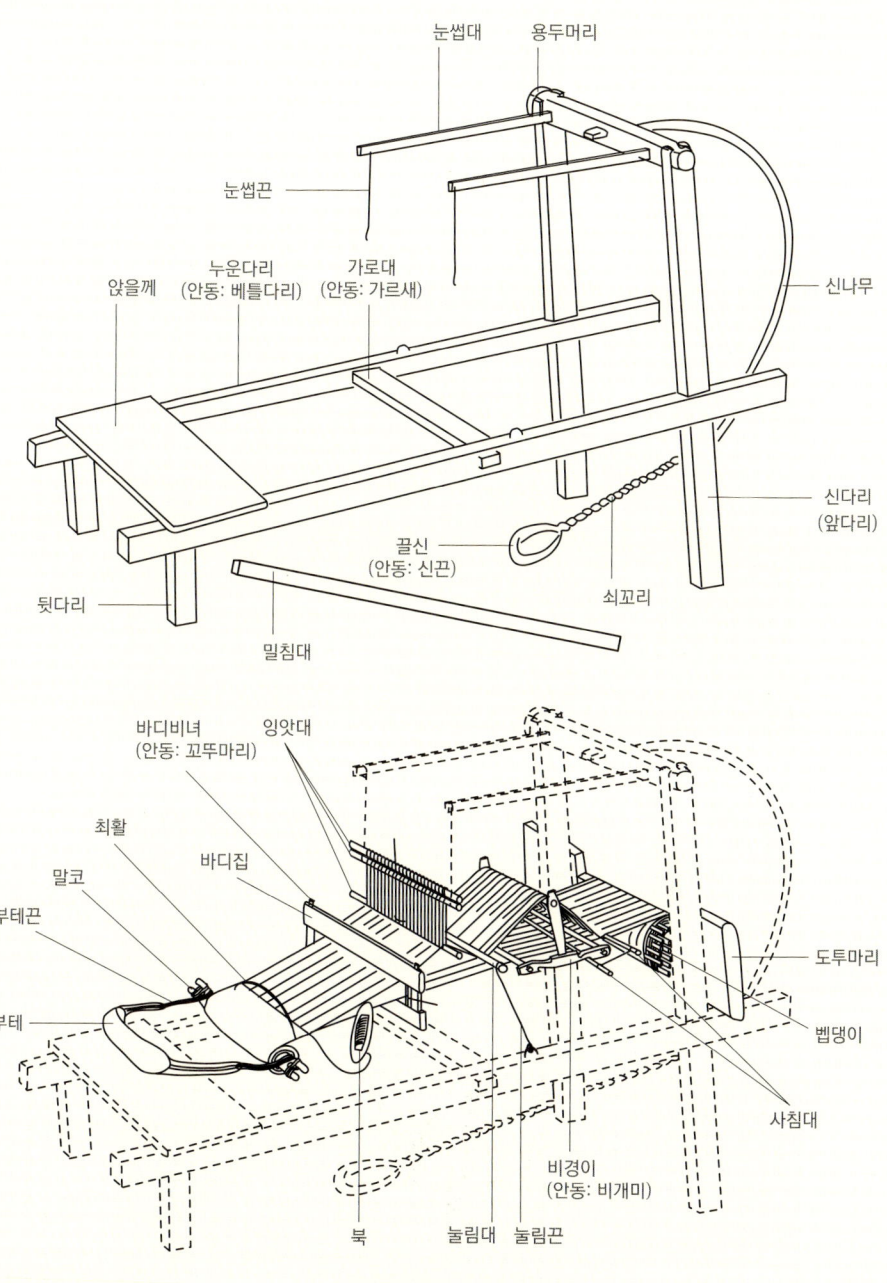

전통 베틀의 구조와 명칭

V_삼베짜기 197

1) 베틀 차리기

전통베틀의 기대를 조립하기 위해 두 개의 누운다리에 앞다리와 뒷다리를 각각 끼우고 가로대로 두 개의 누운다리를 고정하여 기대를 세운다. 용두머리에 눈썹대와 신나무를 연결하고 날실이 감긴 도투마리를 기대에 올린다.

기대를 세우고 용두머리를 올린 모습

기대에 도투마리를 올려 날실을 풀고 잉아 만들기 준비

2) 잉아 만들기

도투마리에 묶어 둔 날실을 풀어 잉아를 만들 준비를 한다. 먼저 풀 먹인 무명실로 만든 잉앗실을 잉아걸이대에 묶는다. 날실 가운데 사침대에서 잉아올만 찾아 잉앗실에 걸고 사올은 통과하며 잉아올을 모두 잉앗실에 걸어 준다. 잉아올은 두 개의 사침대 가운데 작업자 방향에서 바로 앞에 놓인 사침대 아래 방향에 위치하는 것으로, 사올은 사침대 위에 위치한다.

사침 순서대로 잉아올을 하나씩 찾아 잉앗실로 걸어 잉아걸이대에 '8'자로 돌려 감아 준다. 잉앗실을 고정하기 위해 잉아올을 다 걸면 잉앗실을 잉아걸이대에 임시로 감아 두고 첫 번째 잉앗대를 '8'자로 감긴 잉앗실 위쪽 사이 공간에 통과시키며 속대는 그 아래쪽에 넣어 준다. 첫 번째 잉앗대를 눈썹끈에 연결하고 두 번째 잉앗대를 속대와 같은 곳에 넣으면서 잉앗실을 건 잉아걸이대를 뺀다. 베틀 상단에 위치한 눈썹대에는 눈썹끈을 꼬아 잉앗대 2개를 연결해 고정하며, 헝클어진 날실과 잉앗실을 정리한다.

잉아걸이대와 풀 먹인 무명실로 만든 잉앗실

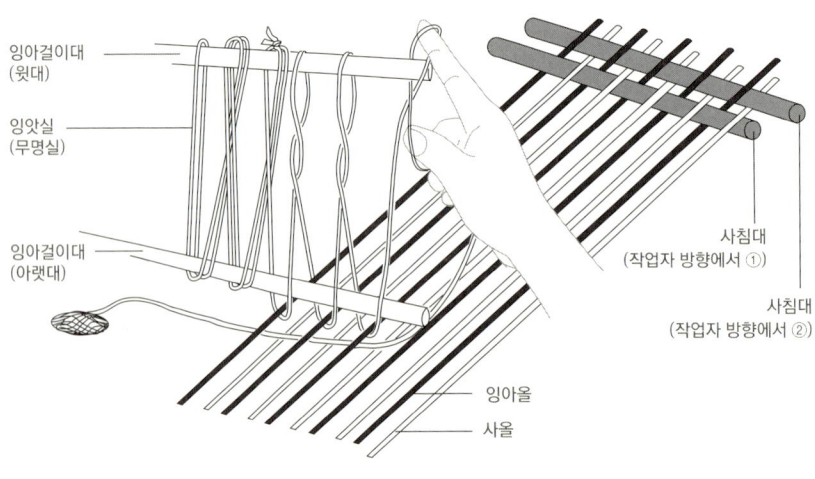

잉아걸이대에 '8'자로 걸어 잉앗실 만들기

잉앗대를 끼우며 잉아걸이대를 제거하고, 잉앗대를 눈썹끈에 고정하기

잉앗대와 잉앗실

3) 비경이 및 누름대, 바디집 설치

잉앗대 설치가 완료되면 작업자는 앉을깨에 앉아 허리에 부테를 차면서 톱대에 연결하고 날실을 정리한다. 신나무에 연결된 끌신을 신고 잉아올과 사올 사이에 비경이를 넣는다. 이때 비경이의 위로는 사올, 아래로는 잉아올이 위치한다. 비경이와 잉앗대 사이에 눌림대를 설치하고, 바디는 바디집에 넣어 바디비녀로 고정하고 제작할 준비를 한다. 베짜기의 첫 부분을 '가슴내기'라 하며, 직물의 폭과 밀도가 맞춰지면 말코에 직물을 감고 부테와 연결하여 제작을 이어 간다.

사올은 위로 잉아올은 아래로 벌려 사이에 비경이 넣기

바디집에 바디를 넣는 모습

4) 삼베짜기

삼베를 짜기 위해 오른발에 끌신을 신는다. 끌신을 놓아 오른쪽 다리를 펴면 잉아올이 사올의 아래로 내려가며 비경이에 의해 자연개구가 되고, 끌신을 오른쪽 다리로 접어서 당기면 잉아올이 사올의 위로 올라가며 역개구가 된다. 사올과 잉아올이 서로 엇갈려 벌어지며 생기는 공간에 씨실을 넣은 북을 통과시키며 통과된 씨실은 바디로 친다.

발을 놓으면 잉아올이 아래로 내려가 생기는 자연개구

발을 당기면 잉아올이 올라가 생기는 역개구

위의 과정을 반복하며 북을 통과시키고 씨실을 바디로 치면 삼베가 짜여진다. 날실이 직입되어 짜여지는 부분에는 저지개로 물을 축이며 베를 짠다. 작업 과정에서 물기가 많아지면 날실에 끈기가 생기면서 눅눅해지고,[64] 마르면 실이 끊어져서 짜기가 어렵다. 날실의 습도를 잘 맞춰야 삼베도 촘촘히 잘 짜인다. 최활은 짜인 직물 위에 끼워 폭을 유지키신다. 헝겊에 참기름을 묻혀 바디의 앞·뒷면에 작업 도중 기름을 바르고, 북의 바닥에도 기름을 발라 주면 북이 원활하게 움직이고 바디도 매끄럽게 칠 수 있다. 참기름이 아닌 들기름을 쓰면 직물이 누렇게 되고 기름이 잘 빠지지 않는다고 한다.

삼베가 짜여지는 부분에 저지개로 물을 축이는 모습

---

64 안동에서는 이를 '찐덕해진다'라고 한다.

최활로 직물의 폭을 유지하며 짜는 모습

북 바닥에 참기름을 발라 매끄럽게 만드는 모습

가슴내기로 직물 폭과 밀도가 한 차례 정리되면, 톱대를 빼내고 말코에 가슴내기한 직물을 직접 감는다. 말코에 부테끈을 다시 연결하여 계속 짠다. 삼베짜기를 하다가 날실이 끊어지면 여분의 삼실로 잇고 밥풀을 발라 매끄럽게 마무리하며, 풀새미로 끊어진 실을 연결하기도 하는데 이때도 밥풀을 발라 준다.

날실이 끊어지면 밥풀과 풀새미로 잇는 모습

삼베짜기를 진행하면서 도투마리에서 풀려나온 날실이 점차 짧아지면, 도투마리를 밀침대로 밀어 눕히고, 허리를 뒤로 젖혀 날실을 잡아당겨 도투마리를 다시 세워 날실을 풀어 준다. 날실과 함께 도투마리에 감겨 있던 베비가 같이 풀리며 바닥으로 떨어진다. 전통베틀을 이용해 한 필의 삼베를 짤 때는 7~15일 정도 소요된다. 삼베짜기를 완료하면 바디 앞에서 날실 부분을 잘라낸다. 남은 날실은 잘 말린 다음 삼베짜기 작업 등에서 끊어진 실의 연결 용도로 사용한다.

말코에 삼베를 감아 가며 짜는 모습

삼베짜기가 완료되어 바디 앞에서 날실을 자르는 모습

2. 개량베틀 짜기

개량베틀로 삼베를 짤 때 사용되는 재료와 도구는 매기를 끝낸 알도투마리, 씨실, 꾸리틀, 풀솜, 잇기용 삼실, 밥풀 등이 있다. 안동의 개량베틀은 나무로 제작한 것과 쇠로 제작한 두 종류가 있으며 일부 형태의 차이는 있으나 제직 구동 방식은 동일하다.[65] 종광틀은 두 개이며, 종광사는 철사 형태에 가운데 실이 통과할 수 있는 구멍이 있는 쇠종광 유형이 사용된다. 알도투마리에 감긴 날실을 사침대에서 사올과 잉아올로 구분하여 앞·뒤 종광 구멍에 사올 1올, 잉아올 1올을 순서대로 반복하여 통과시킨다. 종광에 끼워진 사올과 잉아올 2올을 한 조로 바디 한 구멍에 끼우고 직기에 고정된 말코에 연결한다.

쇠로 만든 개량베틀(자료제공: 집필자)

나무로 만든 개량베틀

---

65 안동의 개량베틀은 서천의 한산모시짜기에서 사용하는 개량베틀과 유사한 기대를 사용한다.

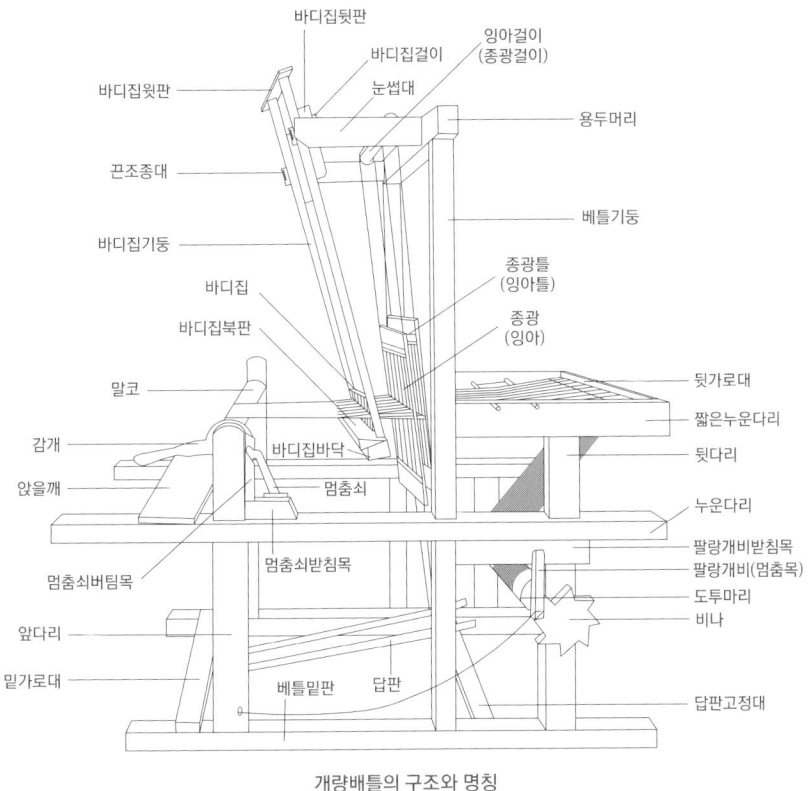

개량베틀의 구조와 명칭

　개량베틀에서는 두 개의 종광틀이 설치되고 각각 쇠종광이 날실 수에 맞춰 준비된다. 두 개의 종광틀은 도르래 장치로 연결된다. 개량베틀 아래에는 답판이 두 개가 있으며 종광틀은 각각의 답판과 끈으로 연결되어 있다. 앞에 종광틀을 들어 올리면 뒤에 종광은 내려가고, 뒤에 종광이 올라가면 앞에 종광이 내려가게 된다. 제직 시에는 2개의 답판을 번갈아 밟아 가며 종광틀을 들어 올려 제직하게 된다. 답판을 순서대로 밟아 종광으로 날실을 들어 올리고 교차된 개구마다 씨실을 투입하여 베를 짠다. 개량베틀을 사용하면 보통 4~7일 안에 한 필을 짠다. 제직을 마친 직물은 베틀에서 내린 뒤 널어 말린다.

두 개의 종광틀이 엇갈려 날실을 개구시켜 북 넣기

두 개의 답판을 교차로 밟는 모습

개량베틀에서 다 짠 삼베를 내려서 펼쳐 말리는 전경

VI

삼베의 마전과 손질

삼베의 마전과 손질

1. 빨래하기

삼베짜기가 끝나면 베매기할 때 쓴 풀과 된장 등 불순물을 제거하기 위해 빨래를 하며 이를 '마전'이라 한다. 일정한 간격으로 접어 정돈하고 그릇에 담아 개울가로 가져가서 물에 담가 놓는다. 물에 불린 삼베는 방망이로 두드리며 반복하여 불순물을 제거한다. 빨래를 마친 삼베는 햇볕에 널어 말리는데, 완전히 말리지 않고 반건조 상태에서 거둔다.

삼베를 그릇에 담아 물에 담가 놓은 모습

삼베를 접어 방망이로 두드려 빨기

개울에서 빨래하는 전경

빨래가 끝나고 널어 말리는 모습

2. 상괴내기

상괴내기는 삼베가 옷감으로 주로 사용되었을 때 후가공으로 널리 활용되었으나 근래에는 사용자의 선호와 인식이 변화함에 따라 상괴를 내지 않는 추세이다. 상괴를 내기 위해 재에 뜨거운 물을 내려 잿물을 만들고, 빨래를 마친 삼베를 잿물에 담가 돌로 눌러 준다. 잿물이 삼베 전체에 고르게 스며들도록 천을 덮어 햇볕에서 한 시간 정도 익힌다.

잿물을 만들어 삼베를 담근 모습

천을 덮어 햇볕에서 익히는 모습

잿물에 담가 둔 삼베를 건져서 잿물기를 일부 제거한 후 삼베 표면에 고운 재를 바른다. 삼베에 재를 고루 바른 다음 일정한 간격으로 접어 불을 땐 아랫목에 이불을 씌워 놓고 익힌다. 삼베가 고르게 익도록 도중에 뒤집어 준다. 익히기가 끝난 삼베는 냇가에서 씻은 다음 널어서 반건조하고 주름을 펴 다림질한다.

고운 재 가루를 표면에 바르기

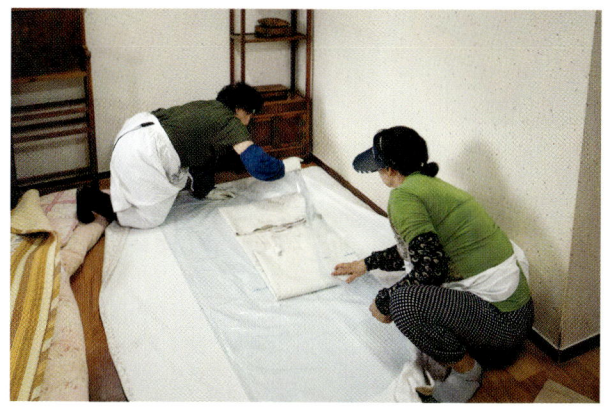
아랫목에서 재 가루를 바른 삼베 익히기

현재는 직접 '상괴내기' 작업을 하고 있으나 예전에는 전문적으로 상괴를 내는 업체에 맡겨 손질하였다. 안동 시내에 위치하였으며, 삼베를 표백제에 담근 후 온돌에 익혀 세척하고 치자로 색을 입혀 다듬이까지 하였다.

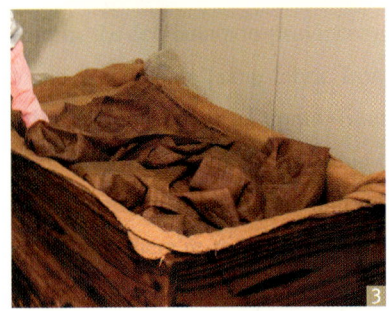
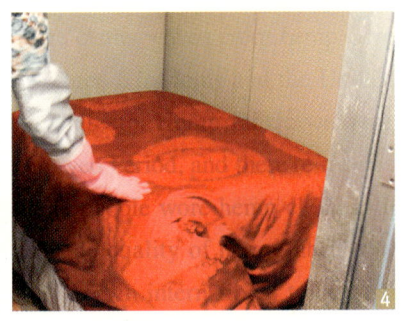

1. 표백제에 삼베 담그기
2. 표백제에서 꺼내 물기 빼기
3. 온실의 통에 삼베 넣기
4. 비닐, 이불을 덮어 익히기
5. 상괴를 마치고 포장된 삼베

(자료제공: 집필자)

삼베의 주름펴기는 베틀에서 내린 삼베를 개울가에서 빨래한 이후 또는 상괴내는 과정 중에 이루어진다. 주름펴기는 공동 작업으로 진행하며 삼베에 물기가 있는 상태에서 한다. 씨실과 날실의 방향에 따라 결대로 주름을 펴는데, 두 사람이 길이 방향으로 삼베를 맞잡아 당기며 올을 맞춘다. 손으로 1차 주름을 편 후 일정 간격으로 삼베를 접고 광목이나 수건에 감싸 고르게 밟아 2차 주름을 편다. 안동 지역에서 베기라고 부르는 홍두깨에 삼베를 팽팽하게 감고 천으로 감싼 뒤 돌려 가며 밟는다.

1. 삼베를 잡아당겨 올 맞추기

2. 일정한 간격으로 접고 밟아 주름 펴기

3. 베기에 삼베를 팽팽하게 감기

4. 베기를 돌려 가며 발로 밟기

3. 무삼 손질하기

생냉이와 익냉이는 앞의 과정으로 마무리하지만 무삼은 다듬이질로 다시 주름을 편다. 이를 '진다듬이질'이라 부르며 무삼에 물을 뿌린 후 두 사람이 양 끝에서 잡고 당겨 올을 맞춘다. 무삼을 일정한 가격으로 접어 마주 보고 앉아 다듬이질하며, 작업 공정 도중에 접는 부분에 차이를 주면서 다듬이질을 반복한다.

무삼에 물을 뿌려 가며 일정한 간격으로 접기

두 사람이 양 끝에서 잡고 당겨 올 맞추기

두 사람이 앉아 다듬이질하는 전경

VII

전승현황

전승현황

1. 지정경위

삼베는 우리나라를 대표하는 전통 옷감 중 하나이며, 삼베를 제작하는 '삼베짜기'의 역사 또한 그 연원이 선사시대부터 오늘에 이르기까지 아주 오래임을 알 수 있다. 삼베짜기는 전국적으로 이루어져 왔으나, 오늘날 재료 수급의 어려움, 산업화 직물의 발전 등의 이유로 일부 지역에서만 기능이 남아 전승되고 있다. 또한, '길쌈'이라는 전통 직물 제작 분야가 지역사회의 해체라는 시대적인 변화로 인해, 마을 단위의 협업체계의 필요성이 대두되었다. 이에 문화재청은 2009년부터 전통 직조 분야의 원활한 전승체계 구축을 위해 보유자 없는 보유단체, 즉 자율전승형 보유단체를 인정하기로 하였다.

2016년 무형문화재위원회 제10차 회의(2016.11.25.)에서 〈'삼베짜기'의 국가무형문화재 종목 지정 검토〉가 있었고, 2019년 6월부터 '삼베짜기' 보유단체 인정 조사가 시행되었다. 경북 안동시 임하면 금소길에 삼베짜기 기능을 이어 오고 있던 '(사)안동포마을문화보존회'를 대상으로 2019년 무형문화재위원회 제12차 회의(2019.8.23.)가 진행되었고 같은 달 8월 30일 〈'삼베짜기' 국가무형문화재 종목 지정 및 인정 예고〉가 공고되었다. 예고 사유로는 '삼베짜기' 종목이 무형문화재로서 역사성뿐만 아니라 예술성 및 기술성, 대표성 등이 높고, '(사)안동포마을문화보존회'에서 지역 공동체의 전통 길쌈문화를 잘 유지하고 있음이 근거가 되었다. 보유단체가 소재한 안동 임하면 금소리 일대에는 좋은 품질의 대마가 생산

경북 안동시 임하면 금소길 전경

안동포짜기마을전수교육관

되고 삼베짜기 기능에 대한 명성이 현재까지 이어질 만큼 좋은 품질의 삼베 생산이 지속되고 있다.

이러한 경위로 2019년 12월 31일 국가무형문화재 '삼베짜기'가 새롭게 지정되어 보유단체로 '(사)안동포마을문화보존회'가 '국가무형문화재 안동포짜기마을보존회'로 인정되었으며, 유사 종목인 국가무형문화재 '곡성의 돌실나이'가 '삼베짜기'의 세부 기·예능으로 통합되었다. 기존에 지정되었던 '곡성의 돌실나이'의 전수교육조교인 양남숙(1943~)은 '삼베짜기' 전수교육조교로 인정되었고, 이후 2020년 7월 27일에 명예보유자가 되었다.

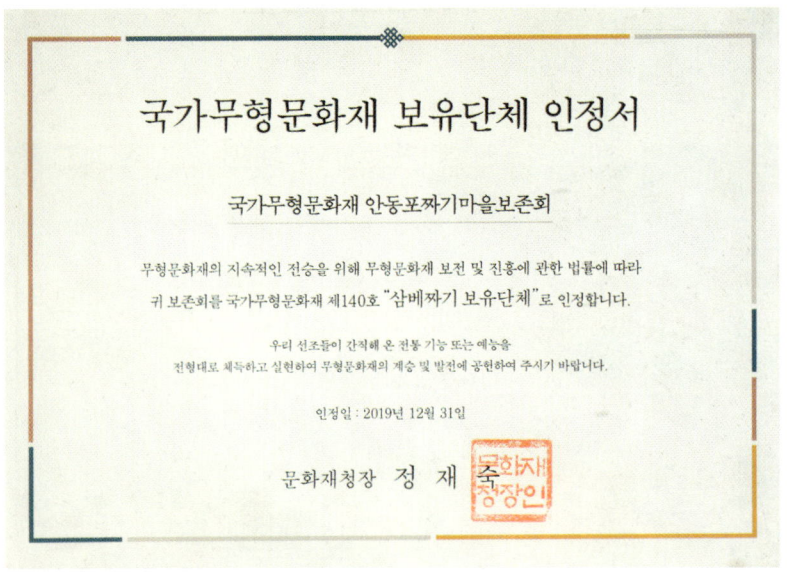

국가무형문화재 보유단체 인정서

2. 보존회 및 전승활동

'국가무형문화재 안동포짜기마을보존회(이하 보존회)'는 2017년에 '(사)안동포마을문화보존회'로 설립되었으며 2019년 12월 31일에 국가무형문화재 보유단체로 인정되면서 현 단체명으로 변경하였다. 보존회는 현재 보존회장 1명, 사무국장 1명, 전수생 13명으로 구성되었으며, 전수생 중 박순자가 전수교육을 담당하고 있다. 초대 회장으로 손병선이 위촉되었으며, 2022년부터 2대 회장으로 임방호가 선임되어 단체 운영 및 총괄책임을 맡고 있다. 사무국장은 보존회의 원활한 전승활동을 지원하기 위해 전수교육 운영·통합플랫폼 등록 관리·행사 지원금 신청과 정산 등의 업무와 함께 회원 관리를 맡고 있다.

보존회의 전수교육은 전수생을 대상으로 일주일에 4일가량 '안동포짜기마을전수교육관(이하 전수교육관)'에서 시행되고 있다. 보존회 설립 당시에는 김수남과 박순자가 전수생을 지도하였으나, 김수남 작고 이후 지금은 박순자가 전수생 12명을 지도하고 있다. 삼베짜기 기능의 전승 범위를 젊은 세대로 지속해서 확대해 가기 위해 마을 주민 중에서 70세 미만의 여성을 대상으로 이수 활동을 권장하고 전수 교육을 이어 가고 있다.

보존회가 국가무형문화재 '삼베짜기' 보유단체로 지정된 이후 2020년에 처음으로 전수교육관에서 공개행사를 개최하였으며, 7월 31일(금)에서 8월 2일(일)까지 3일간 진행하였다. 2021년에는 기간을 연장하여 4월 14일(수)에서 4월 18일(일)까지 5일간 진행되었으며 앞으로도 매년 진행될 예정이다. 공개행사에서는 삼훑기·삼째기·삼삼기·씨실 준비하기·물레질·돌곳에 올려 실타래 만들기·베짜기 등 베날기와 베매기를 제외한 모든 과정이 시연되었다. 단체의 꾸준한 전승활동을 통해 일반인들에게도 안동 지역 삼베짜기 기능과 길쌈 문화를 널리 알릴 계획을 하고 있다.

전수교육관에서 단체로 진행되는 정기 교육 및 행사 일정 이외에도 보존회 회원들은 개인 단위의 전승활동도 꾸준히 이어 가고 있다. 회원 대다수가 개인 베틀을 보유하고 있어, 금소리 마을 일대에 위치한 자택에서도 삼베짜기 작업을 병행하고 있다.

 삼베짜기는 마을 규모로 많은 사람의 협업으로 이어져 온 공동체 협력과 협동의 상징이며 짧은 시간 동안 단순한 의지만으로는 쉽게 이룩할 수 없는 보존 가치가 높은 우리 유산이다. 삼베짜기라는 무형적 소산과 함께 전통사회가 지켜 온 격조 높은 정신문화가 금소리 마을의 전수활동을 통해 오랫동안 보전되기를 기대해 본다.

국가무형문화재 안동포짜기마을보존회 회원

공동 작업 전경

전수 활동 모습

참고문헌

사료

『鷄林類事』,『高麗史』,『故事通』,『洛下生集』,『三國史記』,『三國志』,『宣和奉使高麗圖經』,『世宗實錄』,『五洲衍文長箋散稿』,『林園經濟志』,『朝鮮賦』,『朝鮮產業誌』,『朝鮮女俗考』,『朝鮮總督府中央試驗所報告』,『朝鮮彙報』,『太宗實錄』,『漢陽歌』,「義和君冠禮時衣服件記」

논문

- 공상희,「조선시대 섬마(纖麻)기술의 변천과 근대적 개량」, 한국전통문화대학교 박사학위논문, 2020.
- 김진구,「鷄林類事의 織物關聯用語 硏究 I」,『복식문화연구』, 제7권 제2호, 복식문화학회, 1999.
- 문윤호·박우태,「대마의 용도별 품종 육성 방법」,『종자과학과 산업: 한국종자연구회지』제18권 제1호, 한국종자연구회, 2022.
- 박승원,「신창동 출토 직물의 종류와 제직 특성」,『신창동 직물문화의 동아시아적 관점』, 국립광주박물관, 2013.
- 심연옥·금다운,「삼베짜기 전승현황 및 지역별 특성」,『한복문화』 19권 3호, 한복문화학회, 2016.
- 조효숙,「고려시대 직조수공업과 직물생산의 실태」,『국사관논총』 제55집, 국사편찬위원회, 1994.

단행본

- 건들바우박물관,『진주하씨묘출토문헌과 복식조사보고서』, 건들바우박물관출판부, 1991.
- 경기도박물관,『연안김씨 묘 출토복식』, 경기도박물관, 2005.
- 고고학 및 민속학 연구소,『궁산 원시유적 발굴 보고, 유적발굴보고 제2집』, 과학원출판사, 1957.
- 국립광주박물관,『신창동, 2,000년 전의 타임캡슐』, 비에이디자인, 2012.
- 국립민속박물관,『천연섬유와 모피 식별 아틀라스』, 국립민속박물관, 2005.
- 국립부여문화재연구소,『백제의 직물: 考古織物 II』, 국립부여문화재연구소, 2008.
- 국립부여박물관,『고대직물』, 중앙문화재연구원, 2011.
- 김성련,『피복재료학』, 교문사, 2009.

- 김점호(구술)·유시주(편집), 『베도 숱한 베 짜고 밭도 숱한 밭 매고』, 뿌리깊은나무, 1990.
- 문화재연구소 예능민속연구실, 『한국민속종합조사보고서 22(직물공예편)』, 문화재관리국 문화재연구소, 1991.
- 문화재청, 『문화재대관: 중요민속자료 2, 복식·자수편』, 문화재청, 2006.
- 서해숙·이옥희, 『곡성의 돌실나이-국가무형문화재 제140호 삼베짜기』, 민속원, 2020.
- 수덕사 근역성보관, 『지심귀명례(至心歸明禮)-한국의 불복장(佛腹藏)』, 수덕사 근역성보관, 2004.
- 심연옥, 『한국직물오천년』, 고대직물연구소출판부, 2002.
- 심연옥·박기찬·금다운, 『한산모시짜기: 무형문화재 전수교육학교 교재』, 한국전통문화대학교, 2020.
- 안동대학교박물관, 『안동 삼베 연구, 안동대학교박물관 총서 21』, 안동대학교박물관, 2002.
- 김희숙 외, 『경상북도 무형문화재 제1호 안동포짜기 안동포짜기의 전승과 미래자원화』, 안동시, 2019.
- 안동시사편찬위원회, 『안동시사 3』, 안동시, 1999.
- 영주시청 문화관광과, 『판결사 김흠조선생 합장묘 발굴조사 보고서』, 영주시, 1998.
- 이한길, 『삼척의 삼베문화』, 민속원, 2010.
- 최영성, 『전통공예문헌 자료집성 1 「오주연문장전산고」의 변증류』, 이른아침, 2008.

누리집

- 공공데이터 포털(https://www.data.go.kr/)
- 한국민족문화대백과사전(http://encykorea.aks.ac.kr)

Sambae Jjagi
(Hemp Weaving)

Ssambae Jjagi refers to the entire process from preparing the hemp, to weaving the hemp fabric. Hemp fabric is one of Korea's most famous traditional fabrics, together with ramie, cotton and silk, and has been widely used in Korean clothes as well as in crafts. Hemp fabric is very breathable, making it an ideal fabric for summer clothes. It is widely used even today in funeral rites, as well as in crafts.

Remains from the neolithic era were found in the Pyeongannam-do province that gives us a glimpse of the origins of Korea's Sambae Jjagi And in the Jeollanamdo-province, iron age cloths woven from hemp were found. Records on hemp fabric from the Three Kingdoms and the Unified Silla Period appear as coats, linens, towels etc. Hemp fabric weaving technology prospered even more in the Goryeo Period, and there're records of it becoming common enough that many people wore hemp clothes. In particular, there're records that show that the quality of hemp fabric was such during the Joseon Period that it was used in international trades and royal tributes as well.

Andongpo, manufactured in Andong, Gyeongbuk province, was renown from early on as tributes offered to kings, and is famous today as a regional specialty. The hemp fabrics manufactured in Andong are categorized into 'Saengnaengyi', 'Iknaengyi', and 'Musam', depending on the type of hemp bark used for the hemp fabric. Of them, Saengnaengyi boasts sophistication and fine style comparable to that of ramie fabric. Making a finished hemp fabric requires hundreds and thousands of touches from skilled craftsmen and women that have passed the practice down through generations. From the process of making threads by stripping the bark from the hemp and splitting them into thin slices, to the process of weaving the hemp fabric, to the process of bleaching and dyeing the hemp fabric, the entire manufacturing process of Andong's Sambae Jjagi technique has been passed down through generations, centered around the village community. And its value was nationally recognition and was designated as a National Intangible Cultural Heritage in 2019.

This book contains pictures and materials etc. to provide a detailed description of Sambae Jjagi's history, manufacturing process and how it's being passed down.

글	심연옥, 금다운, 박기찬(이상 한국전통문화대학교)
사진	서헌강(서헌강사진연구소)
일러스트	권용현(한국전통문화대학교)
총괄	이경훈
기획	양진조
교정	방소연, 강석훈, 조윤정(이상 국립무형유산원)

국가무형문화재

삼베짜기

초판1쇄	2022년 12월 10일
기획	국립무형유산원
주소	전라북도 전주시 완산구 서학로 95
전화	063-280-1513
홈페이지	www.nihc.go.kr
출판	흐름출판사
주소	전주시 덕진구 정언신로 59
전화	063-287-1231
팩스	063-287-1232
이메일	hr7179@hanmail.net
홈페이지	www.heureum.com

발간등록번호 11-1550246-000111-01
ISBN 979-11-5522-330-7 93380

저작권자ⓒ2022 국립무형유산원
저작권자와 출판사의 허락 없이 이 책에 실린 글과 이미지의 무단 전재와 복제를 금합니다.

책값은 뒤표지에 있습니다.
파본은 구입처에서 교환해 드립니다.